LE CHANGEMENT

OASIS
30

channelé par
JRobert

BERGER
POCHE

Pour l'ensemble de nos activités d'édition, nous reconnaissons avoir reçu l'aide financière du gouvernement du Canada par l'entremise du Programme d'Aide au Développement de l'Industrie de l'Édition (PADIÉ) et de la Société de Développement des Entreprises Culturelles du Québec (SODEC) dans le cadre du Programme d'aide aux entreprises du livre et à l'édition spécialisée.

30-Le changement

© **Éditions Berger (format de poche)**
1233, route 112
Eastman (Québec) Canada J0E 1P0
Téléphone : (450) 297-1344　Télécopie : (450) 297-2020
editeur@editionsberger.qc.ca • http://www.editionsberger.qc.ca

Dépôts légaux : 2e trimestre 2003
Bibliothèque nationale du Québec et du Canada
Bibliothèque nationale de Paris
Ministère de l'intérieur de France

ISBN 2-921416-57-3

Canada : Diffusion Raffin, 29, rue Royal, Le Gardeur (Québec) J5Z 4Z3　Téléphone : 450-585-9909
Sans frais : 800-361-4293 ; Télécopie : 450-585-0066

France, Belgique : D.G. Diffusion Livres
Rue Max Planck, C.P. 734, 31683 Labège Cedex　France
Téléphone : 05-61-000-999 ; télécopie : 05-61-00-23-12

Suisse : Servidis SA, 5 rue des Chaudronniers, Case postale 3663 CH-1211 Genève 3　Suisse
Téléphone : (022) 960-95-25 ; télécopie : (022) 776-35-27

Imprimé au Canada
1 2 3 4 5 HLN 2007 2006 2005 2004 2003

À propos d'Oasis

*O*asis est le nom collectif donné aux quatre Cellules qui parlent à travers JRobert. Ces quatre unités d'énergie sont les porte-parole de milliards d'autres qui forment, contrôlent et édictent les lois qui régissent l'Univers. Elles se désignent elles-mêmes du terme Cellule pour faire comprendre que leur rôle et leur fonctionnement dans l'Univers est à l'image des cellules du corps humain, et pour nous rendre conscients que l'univers extérieur est comme notre univers intérieur.

L'origine du nom

*D*ans leur dimension, les Cellules ne portent pas de nom. Aussi ont-elles proposé au premier groupe à paraître devant elles de leur choisir un nom correspondant à l'état d'être qu'il ressentait en leur présence. C'est ainsi que le nom Oasis fut choisi. JRobert en fit une illustration qui devint l'emblème de ses activités et de la collection de livres.

L'emblème

L'emblème d'Oasis joue un rôle important. À travers lui, il est possible de contacter les Cellules :

« Nous vous avons dit de demander lorsque vous aurez besoin de nous. Nous vous avons même dit comment vous y prendre. Si vous ne pouvez percevoir nos énergies, vous n'avez qu'à imaginer l'emblème et vous aurez perception de nous. Nous comprenons l'association et nous entendrons. Oh, direz-vous, vous êtes quatre : qu'arrivera-t-il s'il y avait 200 personnes qui visualisaient simultanément votre emblème ? Ne vous en faites surtout pas pour cela car, en fait, nous ne faisons qu'un, donc vous aurez tout de

même ce que vous aurez demandé. Faites l'essai,
vous verrez... » – Oasis (*août 1990*)

La mission

« Vous dérangez ». Ces simples mots résument
pourquoi les Cellules ont choisi d'intervenir sur
notre planète. Nous dérangeons les autres mondes
auxquels nous sommes interreliés, que nous en soyons
conscients ou non.

Leur espoir, c'est que nous acceptions de changer
individuellement pour que notre profond goût de vivre
rayonne et se propage autour de nous. Leur espoir, c'est
aussi que nous soyons toujours plus nombreux à réussir la
fusion de notre Âme et de notre forme afin de rétablir
l'équilibre de notre planète et de l'Univers. Par leurs
paroles et par leur présence à travers l'emblème, les
Cellules nous apportent un véritable soutien afin que nous
apprenions à renaître et à donner du sens à nos vies.

Le channel

*J*Robert est le pseudonyme de celui à travers qui,
depuis 1981, parlent les quatre Cellules surnom-
mées Oasis. Les messages reçus durant les transes sont
publiés dans les *Entretiens avec Oasis*. La collection Oasis,
c'est donc d'abord cette œuvre encore en devenir, mais
aussi l'ensemble des travaux du channel à l'état d'éveil.

Médium malgré lui

*J*Robert est né le 25 juillet 1950 dans une famille
catholique de Montréal, au Québec. Rien dans
sa vie ne semblait le destiner à la tâche qu'il accomplit
auprès d'Oasis depuis septembre 1981. Comme il se plaît

à le raconter aux gens qui le rencontrent pour la première fois, lorsqu'il était enfant, il aimait jouer des tours et on avait bien du mal à le punir parce qu'il riait tout le temps. Sauf pour l'habitude qu'il avait de réciter répétitivement son chapelet et qu'il assimile maintenant à des exercices de concentration, rien ne le préparait spécifiquement à être channeler. À l'école, il obtenait tout juste les notes de passage et il ne s'en souciait pas vraiment. Il a travaillé pendant trois ans dans l'entreprise familiale, pour ensuite devenir tour à tour policier [gendarme], programmeur-analyste et chef d'entreprise.

Les premières manifestations de médiumnité dont il a été l'objet ont été fortuites. Ce sont les gens présents qui l'ont informé de ce qui venait d'arriver. Il refusa catégoriquement le phénomène pendant près de deux ans. Au prix de vomissements et de maux de tête récurrents, il a tout tenté pour faire cesser ces manifestations : hypnose, acupuncture, médication. Puis graduellement, on lui amena des gens en difficulté, qui cherchaient désespérément des réponses à leurs souffrances et à leurs interrogations, et il accepta de les aider.

Pendant quelques années, il cumula donc les transes privées et son travail, qui consistait à monter des commerces clés en main. Cette situation s'avéra extrêmement exigeante sur le plan physique et il dut souvent se raccrocher à la phrase que sa mère lui répétait tout au long de son enfance : « Si tu fais du bien à une personne au moins une fois dans ta vie, ta vie n'aura pas été inutile ». Enfin, épuisé, il choisit en 1989 de se consacrer exclusivement au travail de channeling et d'organiser des sessions de groupes où les questions seraient d'intérêt collectif.

Simplicité et liberté

Une grande liberté marque tous les aspects de l'intervention d'Oasis. Il n'y a ni publicité pour les activités, ni cotisation, ni carte de membre, ni obligation, ni suivi de ceux qui choisissent de se retirer. Jamais JRobert n'a toléré qu'on promouvoie le culte de sa personne. Au contraire, il se refuse à jouer un rôle ; le seul terme « gourou » le fait frémir. Peu à peu, il paraît évident que cette simplicité est elle-même garante non seulement de l'absence d'emprise du médium sur les gens mais aussi de la qualité de la transmission, donc des messages :

> « Nous dédions ce livre à une forme [JRobert] qui, au delà des apparences et des critiques, a su rester elle-même. Elle a su rester plus enfant que la réalité, ce qui lui aura permis de vivre des expériences bien au delà de ce qui était permis dans le passé. Nous la remercions aussi pour cette sincérité qu'elle a eue de ne pas jouer de rôle et de rester elle-même. Encore une fois, l'authenticité de nos propos n'aurait certainement pas été aussi possible si nous n'avions pas eu cette forme ». – Oasis (*tome III*)

L'entourage de JRobert partage la même simplicité et le même respect de la liberté individuelle. Jamais Françoise, la personne de confiance qui l'accompagne durant les transes depuis les tout débuts, n'oblige qui que ce soit à participer à quoi que ce soit. Jamais Maryvonne et Eugène, un couple de Bretons venus vivre au Québec dans les années 1950, n'ont réclamé quoi que ce soit pour leur soutien indéfectible et bénévole. Partout, toujours, des gens qui participent de leur plein gré et que l'on encourage à cheminer selon leur rythme et leur compréhension.

Les activités

ℬien que JRobert ait commencé par mettre au service d'individus et de groupes sa capacité à transmettre les messages des Cellules, son travail ne se limite pas à dormir pendant qu'Oasis répond aux questions, même s'il se plaît à comparer son travail à celui d'un conducteur de taxi.

Pendant près de vingt ans, il est incapable d'écouter les enregistrements des sessions ni même d'en lire les transcriptions. Pourtant, il ne cesse d'approfondir par lui-même ses compréhensions et de développer de nouvelles manières de nous faire comprendre notre seule vraie raison de vivre : notre continuité dans le monde parallèle après la vie physique. Ses recherches personnelles ont donné lieu à une série d'ateliers, de conférences et de week-ends de formation destinés à nous donner le goût de cette continuité et les moyens de la réaliser.

La démarche complète avec Oasis comprend quatre parcours successifs :

- trois sessions suivies d'un week-end,
- trois ateliers intitulés « Pas de plus »,
- un week-end dit des anciens,
- un voyage de groupe en France.

Il n'est pas obligatoire de terminer un parcours, sauf si l'on désire entreprendre le suivant.

Les sessions

ℒes sessions sont des transes pendant lesquelles les gens peuvent poser à Oasis toutes les questions qu'ils désirent, à condition qu'elles soient d'intérêt collectif et non de nature personnelle. Entre les sessions, on fait parvenir aux participants une transcription grâce à laquelle ils peuvent approfondir les messages reçus et préparer leurs questions pour la session suivante. Le week-end qui couronne les sessions est conçu pour que chacun puisse prendre contact avec la réalité de son Âme et la percevoir.

Comme aucune publicité n'est faite pour les activités de JRobert, quelles qu'elles soient, les gens s'inscrivent aux sessions après avoir entendu parler d'Oasis par quelqu'un de leur entourage ou après avoir lu les livres et contacté la maison d'édition.

Les sessions sont précédées d'une rencontre où JRobert parle de son itinéraire personnel, de lui-même et de son travail de channeling. Élisabeth, une femme d'une grande expérience en milieu scolaire et membre de l'équipe d'Oasis, anime ensuite la soirée de manière à ce qu'au terme de cette première rencontre, le groupe se donne un nom représentatif de sa recherche intérieure ou de sa personnalité.

Les ateliers

Les ateliers animés par JRobert comprennent des explications, des démonstrations et des exercices pour apprendre à se prendre en main, à se protéger des influences extérieures, à se reconnaître et à se reprogrammer. Résultat de recherches nombreuses, les ateliers sont fondés sur des connaissances relevant de la psychologie, de la neurolinguistique et de l'électromagnétisme; ils incluent aussi des exercices de reprogrammation créés par JRobert. L'ensemble des ateliers forme une interprétation éclairante de la réalité humaine et une méthode de transformation originale basée sur la consultation de soi.

Les week-ends des anciens

Il est bien difficile de décrire les week-ends des anciens, dont le premier a eu lieu en mai 1994. Les approches inédites de JRobert, les perceptions développées, les ressentis qui y sont vécus et partagés sont aussi peu traduisibles que ne le sont les couleurs à un aveugle. Qu'il suffise de dire qu'ils conduisent à la perception et à l'utilisation de notre champ énergétique personnel dans ses liens avec les univers parallèles.

Les voyages de groupe

En 1993, guidé par Oasis, JRobert se sent de plus en plus attiré par la France. En Europe, la relation avec la mort est différente de celle qui est vécue en Amérique. En Amérique, l'oubli sert à exorciser le deuil, alors que les Européens entretiennent les sites funéraires de leurs proches et leur rendent régulièrement visite. Il est donc possible d'y rencontrer des Entités ayant complété leur cycle d'incarnations – donc qui ont fusionné l'énergie de leur Âme et de leur forme – et qui viennent voir les membres de leur famille dans l'espoir de leur faire percevoir leur présence et de les convaincre de la continuité de la vie après la mort. C'est ainsi que JRobert est amené à contacter des personnages qui ont réussi leur continuité ; plusieurs ont été ou sont encore célèbres, mais la plupart ne sont pas nécessairement connus. Ces Entités fusionnées contribuent à lui faire vivre la dimension du parallèle et à lui faire comprendre comment s'y prendre pour nous montrer à réussir notre continuité à notre tour.

Il lui paraît bientôt indispensable de nous faire vivre le contact avec le monde parallèle pour nous le faire comprendre, car aucune parole n'arrive à rendre compte de cette réalité. À l'été 1995, il organise donc un premier voyage en France avec un petit groupe. Il constate l'efficacité de cette approche, mais aussi que certains se mettent à avoir peur de ne pas réussir leur continuité. Il choisit alors de concentrer tous ses efforts sur l'élaboration d'une réponse plus complète, plus rassurante et plus rapide. En 1998, JRobert expérimente et développe un système de concepts novateurs, pour ne pas dire révolutionnaires, qui illustrent pour la première fois les relations entre l'énergie du corps et le monde parallèle. Les résultats sont probants. Depuis, il démontre et partage ces nouveautés lors d'autres voyages.

Le message avant la personne

ignalons qu'Oasis a demandé que la photo du channel ne soit utilisée ni sur les livres ni dans la promotion. Cette demande fait écho à la règle qui a dirigé la vie et l'œuvre de JRobert: « Que ce soit les messages à travers moi et non moi à travers les messages ».

Peu d'hommes auront eu le courage de renoncer aux choses visibles pour se lancer aussi passionnément dans l'aventure de l'invisible sans jamais chercher de reconnaissance.

L'oeuvre d'Oasis

es *Entretiens avec Oasis* regroupent les messages donnés par Oasis depuis 1989 à des gens venus

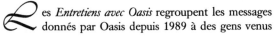

de partout : du Québec, du Canada, de la France. Les quatre tomes comprennent un index cumulatif donnant accès aux milliers de sujets traités. La structure des tomes a été définie par les Cellules elles-mêmes lors d'une transe privée portant spécifiquement sur les publications. Leurs directives touchaient notamment l'organisation des quatre premiers tomes, la présence d'une session générale des groupes à la fin de chacun des tomes et l'ordre des sujets selon leur degré de sensibilité pour nos sociétés.

L'oeuvre de JRobert

L'oeuvre de JRobert constitue en quelque sorte l'interface pratique des messages d'Oasis. Elle s'est construite petit à petit à partir d'une expérimentation systématique de concepts et d'exercices nouveaux avec des gens de toute provenance qui participaient aux ateliers, aux week-ends et aux voyages de groupe. Les explications s'adaptaient aux préoccupations et aux questions des participants. Toutes ces explications étaient notées ou enregistrées, si bien que le livre *Seconde naissance, une raison de vivre* constitue la somme originale de toutes les variations dans la manière qu'avait JRobert d'expliquer sa matière et de tous les enrichissements qu'il a apportés à son approche au fil des années. Le livre présente sous forme de guide illustré les concepts et les exercices présentés pendant les week-ends, le contenu des trois ateliers « Pas de plus », les conférences données en préparation aux voyages de groupe en France et lors de ces voyages. On y trouve des espaces méditatifs où les pensées de l'auteur résonnent en nous et nous reprogramment vers plus de légèreté, de compréhension et de joie de vivre.

Le changement

Notre but, en prenant beaucoup de votre temps pour les commentaires personnels, était de signaler qu'en fait, il y a un début à chaque chose, soit la compréhension de la vie elle-même. Regardez-vous vivre. Vous vivez expérience sur expérience ! En fait, vous accompagnez ces expériences, vous ne les vivez pas ; vous vous les exprimez dans vos formes, mais vous ne les vivez pas. En fait, vous n'avez même plus de choix, vous êtes comme forcés de vivre. Regardez ce qui se passe autour de vous. N'est-ce pas le signe d'un besoin de changement ? Cette violence actuelle qui n'est rien encore, n'est-ce pas aussi un signe qu'il y a plus que cela ? Oh ! plusieurs se demanderont ce que nous sommes, nous qui n'avons pas choisi de formes telles que les vôtres pour nous exprimer. Certaines d'entre nous, par contre, ont voulu cela. Dans votre langage, vous les appelez des Âmes. Lorsqu'elles n'ont pas de forme, vous les appelez des Entités. Elles ont voulu cette expérience et elles la vivront, sinon elles ne reviendront pas vers nous. Effectivement, nous avons des critères. Jusqu'à présent, nous nous sommes chargées de faire en sorte et de voir à ce que tout prenne place et qu'il n'y ait pas trop d'abus de leur côté. Plusieurs d'entre elles souhaiteraient revenir vers nous, mais il n'en sera pas question tant qu'elles n'auront pas complété ce qu'elles voulaient à travers vos formes, c'est-à-dire les maîtriser et faire en sorte que vos formes les maîtrisent aussi. Vous n'avez aucune idée de ce que votre Âme pourrait faire pour vous ! Vous êtes trop occupés à tout analyser, à vouloir tout régler vous-mêmes pour vous préoccuper d'elle. Et pourtant, il vous a été dit il y a plus de 2000 ans : demandez et vous recevrez. Vous le savez tous, mais vous n'avez pas appris à demander ! Vous avez appris à rêver, sinon vous ne demanderiez jamais ce qui est déjà là, vous le prendriez. Oh ! effectivement, il y a beaucoup à apprendre. C'est aussi notre but de vous ramener vers cette forme d'énergie que sont vos Âmes et de vous rendre plus conscients du pouvoir qu'elle a

sur vous et sur tout ce qui vous entoure.
Vous avez tous le même problème : vous
êtes trop conscients et vous voulez trop,
sans limites ! N'a-t-il pas été mentionné
que seuls les enfants verraient Dieu ?
Qu'est-ce que cela veut dire ? Cela ne veut
pas dire que vous entrerez dans cette forme
d'énergie que nous sommes lorsque vous
aurez trois ou quatre ans, mais lorsque vous
agirez comme des enfants, avec l'amour de
la vie sans questionner, avec le goût du
lendemain, ce qui n'est pas le cas très
souvent, avec le goût de l'heure même que
vous vivez. Cela compte. Regardez les
enfants lorsqu'ils dorment. Ils ne rêvent
pas au lendemain ; ils dorment en paix
parce qu'ils ont fait ce qu'ils voulaient.
Combien d'entre vous peuvent faire cela ?
Nous trouvons qu'il y a, dans la folie, beaucoup plus de sécurité que dans l'analyse
elle-même, en ce sens que les gens qui
vivent un peu de folie ont beaucoup plus de
liberté dans leurs façons de penser que ceux
qui sont restreints dans la peur de leur
analyse, dans la peur d'être, dans leur peur

de passer pour... ajoutez le terme que vous voudrez. Ceux qui se sont rencontrés eux-mêmes dans cette vie ont vu qu'ils étaient différents de ce qu'ils croyaient, et leur forme a réagi à cela. L'amour de vous-même ne peut qu'apporter l'amour des autres et l'amour de tout ce qui vous entoure. Regardez Aline, c'est un exemple ; il y en a d'autres. Changer, c'est cela, c'est être vrai. Il y a un début à tout. Pour cela, il vous faut comprendre, et c'est ce que nous ferons avec vous. *(Luminance, I, 17–04–1993)*

D ans le monde où vous vivez, actuellement surtout, il y a de la folie. Il y a aussi de la sagesse. Et chez ceux qui sont trop sages, il y a une part de folie. Donc, le nom choisi par ce groupe reflète cela. Ceux qui sont trop sérieux ont un peu de folie aussi. Qui aujourd'hui, dans votre monde, peut juger s'il y a folie ou non ou du niveau de folie ? Soyez tous rassurés, car la folie implique qu'il y a beaucoup d'espace pour du changement. Très original !

Vous savez tous que la recherche implique les changements. *(Les Âmes en folie, I, 24-04-1991)*

Ne vous en faites pas, nous vous connaissons tous très bien. D'ailleurs, même vos questions nous les connaissons déjà ; mais, c'est ce qui rend cette session intéressante pour vous, pour ceux qui cherchent des preuves. Vous savez, jamais nous ne vous demanderons de nous croire, jamais nous ne ferons cela. Nous espérons, par contre, que vous pourrez vous croire suffisamment pour vous aimer sans contrainte, sans peur, et surtout sans regret. Nous savons qu'il faut du courage pour être ici avec nous ce soir, ne serait-ce que pour faire les efforts pour comprendre. Ne les faites pas, car plusieurs de nos propos ne seront pas compris immédiatement, surtout si vous ne voulez pas les comprendre. Mais dans un mois, un an même, jamais vous ne lirez de la même façon. Nous prévoyons, vous savez, pour les temps où cette forme ne sera plus. Nous pesons nos mots, n'ayez

aucune crainte. Dans plusieurs des cas ici même, dans deux ans, voire trois ans, vous serez prêts à entendre, à vous entendre. Vous êtes venus apprendre à agir et à ne plus réagir. Et cela, vous l'aurez.
(Luminance, I, 17–04–1993)

Vous m'avez dit, lors de la dernière session, que j'avais beaucoup trop attendu. Comment dois-je agir pour ne plus réagir ?

Premièrement, une personne réagit lorsqu'elle a attendu trop longtemps ; deuxièmement, lorsqu'elle sent qu'elle n'a pas d'autres choix que de réagir ; troisièmement, lorsqu'elle n'en peut plus. Réagir, c'est cela. Agir, c'est d'aller au-delà des réactions, c'est d'aller vers soi, vers ce qui vous convient, pas vers ce qui a du sens pour les autres, mais juste pour vous. Sinon, vous ne vous connaîtrez jamais et vous réagirez. Reformulez maintenant votre question.

Je suis tellement confuse que je ne suis plus capable de formuler mes questions.

Dans ce cas, donnez un exemple.

Prenons une vie qui se déroule sur une quarantaine d'années d'existence et où tout va bien pendant longtemps, mais où les sept ou huit dernières années sont extrêmement difficiles dans plusieurs domaines. On devient tellement mêlé qu'on ne sait même plus où on en est ni pourquoi on existe.

Dans tout ce qui vit, dans tous les événements que vous vivrez, dans tout ce que vous ferez, il y aura toujours une première fois, un événement déclencheur qui fera en sorte que rien d'autre ne fonctionnera si cela ne fonctionne pas. Qu'est-ce que cela fut pour vous ? Si vous revenez quelques années en arrière dans votre tête, disons 15 ans – oh ! plus exactement 17 ans – quel était votre état d'être ?

Bien.

Si nous revenons 10 ans en arrière ?

Moins bien.

Si nous revenons 13 ans en arrière ?

Disons que je commençais à me poser des questions.

Qu'est-ce qui commençait ?

Comme un détachement... Je ne peux pas répondre.

Cela vous gêne ?

Non. À ce moment-là je ne m'en faisais pas avec la vie. Je travaillais, j'étais dans un foyer, je n'avais pas les problèmes que j'ai aujourd'hui.

Donc, vous admettez qu'il y a eu des problèmes. Et vous en connaissez bien la source ?

Oui.

Pourquoi attendre 10 ans ?

Quand j'ai les problèmes entre mes mains, cela va. Mais là, j'en ai, mais ce n'est pas entre mes mains, c'est trop loin...

Vous voulez dire qu'il y en a trop d'accumulés ?

Oui.

C'est cela notre question. Pourquoi avoir attendu aussi longtemps ? Pourquoi surtout avoir permis leur accumulation ? Pour plaire ou pour ne pas déplaire ? Vous devez y répondre. Vous n'en avez pas assez ?

Oui, j'en ai assez. Je veux sortir de tout cela ; je veux vivre autre chose.

Si nous vous disions que vous n'en avez pas encore assez, que diriez-vous ?

J'ai de la difficulté à vous croire.

Une personne humaine change quand elle
n'en peut plus, sinon elle ne fait que penser
à changer. Vous avez attendu trop
longtemps et vous le savez fort bien. Selon
vous, pour être bien avec vous-même,
quelles sont les deux étapes qu'il faut faire ?
Nous corrigerons, n'ayez aucune crainte.
Du tout cuit, vous en avez déjà eu ; vous
devez forcer un peu.

*Il faut que je commence par m'en sortir
pour pouvoir respirer. J'essaie de faire
vivre à mon Âme ce qu'elle veut vivre, c'est
mon but maintenant.*

Fort bien. Nous allons faire en sorte de
démêler cela un peu plus. Fermez les yeux
vous aussi – il y en a d'autres qui pourraient
le faire en même temps – et tentez de
recréer un état intérieur où vous seriez vraiment comblée. Vous pouvez ajouter un peu
de sourire, cela aidera. Imaginez que vous
serez comblée, que vous serez heureuse.
Vous savez comment faire cela ?

Oui.

Posez-vous les questions suivantes : qu'est-ce que je pourrais faire pour être vraiment heureuse ? où serai-je ? lorsque j'y serai, est-ce que je serai vraiment plus heureuse ? où cela se situera-t-il en moi ?... Vous y arrivez ?

Oui.

Vous ressentez cela suffisamment pour en avoir le goût, le besoin ? Quelle réponse avez-vous obtenue ?

Finalement, là où je suis le plus heureuse, c'est dans mon travail.

Pour quelle raison ?

Parce que je donne de l'amour à ceux qui en ont besoin.

Car, pour vous, c'est un échange. Lorsque vous n'êtes pas à votre travail, que faites-vous pour vous plaire ?

Cela fait des années que je n'ai pas vécu quelque chose pour moi.

Vous trouvez cela normal ?

Non, c'est pour cela que je veux m'en sortir.

Et vous n'avez jamais pensé à quelque chose qui vous ferait plaisir, qui serait juste pour vous ? Qu'est-ce qui vous empêche de le faire ? Vous aimez faire plaisir aux autres, vous retrouvez une part de votre confort dans cela mais, lorsque vous quittez ce milieu, votre travail avec vous-même devrait continuer. Votre problème est plus que simple, vous ne planifiez rien juste pour vous. Que de peurs vous avez eues ces dix dernières années ! Posez-vous la question suivante : « Si j'avais à revenir 10 ans en arrière, est-ce que je referais la même chose ? »

Non.

Qu'est-ce que j'aurais pu faire il y a 10 ans dans ce cas ? Vous l'avez ?

J'ai de la difficulté.

Vous n'avez pas de difficulté, vous avez de l'hésitation.

Revenir 10 ans en arrière...

Nous savons que cela ne vous tente pas. Si vous voulez être heureuse aujourd'hui, il faut regarder ce qui n'a pas fonctionné et ne pas le continuer. Fuir dans le milieu du travail pour aider les autres, c'est une chose. Mais pour vous, être bien dans votre peau veut dire faire des choix qui vous concerneront. Cela veut dire de vous faire plaisir de temps à autre, vous aussi. Quand est-ce arrivé la dernière fois, juste pour vous ?

Je ne m'en souviens pas.

Vous ne vous en souvenez pas... Ne serait-il pas temps que vous le fassiez maintenant ? C'est ce qui vous donnera le goût de vivre. Planifiez-vous donc un beau voyage, seule ; cela vous fera du bien. Mais surtout, faites-le. *(Luminance, II, 08–05–1993)*

Si vous arriviez à comprendre et à admettre que chaque vie pourrait en fait être une dernière vie, comme vos vies seraient différentes ! Mais dans vos esprits, pour la majorité, vous avez fini par croire que, si ça ne va pas dans votre vie actuelle, ça ira mieux dans l'autre. Ce n'est pas une façon de voir la vie. Si vous acceptiez de vivre chaque heure comme étant la dernière, si vous y mettiez toutes vos énergies, tout votre amour, qui sait ? Vous finiriez peut-être par vous aimer encore plus. Très souvent, nous allons dans ce que vous appelez des hôpitaux, très régulièrement. Cela nous permet de sonder vos formes, de voir ce qui ne va pas, de voir ce que vous rejetez de vous. Cela nous aide à mieux vous aider et à mieux vous comprendre. Nous en arrivons toujours à la même conclusion : manque d'amour de soi, refus de compréhension de la vie, vivre la vie des autres, copier les autres, refus de son originalité. En plus, il y en a qui trouvent le moyen de se forcer à faire ce qu'ils n'aiment pas ; c'est la recette idéale pour la maladie parfaite. L'excuse que nous entendons le plus souvent ? La sécurité. Combien de fois ! Lorsque vous êtes dans ces hôpitaux, c'est encore la même chose. Acceptez de croire que cette heure pourrait être la dernière. Faites vos choix, choisissez les gens avec qui vous aimeriez vivre cette heure. Même si ce sont des gens que vous aviez mis de côté, ce n'est pas important. Ce qui comptera, ce sera que vous passiez à l'action à chaque heure. Apprenez à rejeter ce qui ne vous convient plus, apprenez aussi à admettre ce qui vous convient, à vous entourer de gens que vous aimez, à comprendre ceux que vous n'arrivez pas à aimer. Qu'ont-ils de vous que vous n'aimez pas ? C'est cela la vraie question. Regardez-vous tous. Il y a quelques mois, personne ici n'aurait cru pouvoir vivre une telle expérience dans un groupe, et pourtant la majorité d'entre vous ont déjà fait des changements dans leur vie. Et vous continuerez à en faire ; vous serez plus conscients. C'est aussi le but de ces sessions. Il nous arrive d'entendre vos mercis régulièrement. Nous les entendons des personnes qui viennent de découvrir qu'elles s'aimaient, qu'elles étaient heureuses, qu'elles ne croyaient pas avoir le droit de se le dire. N'est-ce pas une belle découverte que celle de votre propre existence ? Nous pouvons vous dire que ces personnes ne subiront plus, qu'elles seront conscientes de leur propre vie. Acceptez de vous parler à vous-mêmes, acceptez de vous acheter une fleur de temps à autre, de croire que vous le méritez. Il y en a parmi vous, peu nombreux cependant, qui n'arrivent toujours pas à admettre que nous existons. Cela ne nous touche pas. Si c'était le cas, cette forme [Robert] ne ferait pas ce qu'elle fait actuellement, car elle non plus ne nous a jamais vues. Par contre, elle croit en nous et nous lui redonnons cela au centuple. Quelle est la plus grande chance dans cette vie si ce n'est celle de vivre ? Vous avez tous pris déjà le plus grand risque dans cette vie, celui de naître. Ce fut le plus grand risque. Pourquoi faut-il que, dès que vous devenez adultes, vous pensiez à mourir ? Pourquoi faut-il que vous planifiez autant vos vies ? Pour la sécurité ? Si c'est le cas, vous ne serez jamais sécures parce qu'agir ainsi veut dire ne pas faire confiance, non seulement à la vie, mais à vous-mêmes. Combien d'événements n'avez-vous pas vécus avec anxiété, avec crainte, pour vous rendre compte une fois qu'ils ont eu lieu que ce n'était rien à vivre. Vous avez tous vécu cela. Pourquoi n'en serait-il pas de même pour tous les événements de vos vies ? À cause de la peur du risque, la peur de vous retrouver différents, la peur de vous retrouver seuls. Si c'est votre crainte, c'est que vous êtes déjà seuls et que vous ferez tout dans la vie pour justifier de ne pas l'être, même jouer un rôle qui ne sera pas le vôtre. Vivre veut dire se faire confiance et, plus tard, faire confiance à ce que vous ne verrez même pas. Vous avez tous prié un jour ou l'autre ; vous l'avez tous fait avec plus ou moins de conviction. Vous avez

tous prié ce que vous ne pouviez voir,
même s'il ne vous avait jamais été montré
comment prier et pourquoi. Que de questions il vous reste à poser ! Nous avons
toujours été surprises de constater à quel
point vous compliquiez vos vies pour rien.
Est-ce pour les justifier ? En grande
partie. Si vos vies étaient faciles, vous
culpabiliseriez-vous ? Plusieurs se culpabi-
lisent parce qu'ils ont de la facilité, d'autres
en profitent, et d'autres apprennent à se
rendre la tâche difficile pour justifier leurs
efforts. Les vies, c'est tout cela. Selon ce
que vous aurez décidé vous-mêmes, vous
aurez. Vous recevrez à la mesure de votre
foi. Dites-vous bien que vous ne recevrez
jamais rien en ne croyant pas ou en deman-
dant des preuves. Bien au contraire. Ne
dites-vous pas que la foi est aveugle ? *(Le fil
d'Ariane, IV, 14–12–1991)*

I l n'y a pas plus insécure que la
sécurité. Plus vous la recherchez,
moins vous la voyez. Les plus riches sont
les plus pauvres parce qu'ils ne se rendent

plus compte qu'ils sont riches. Bien souvent, le plus pauvre vous dira qu'il ne manque de rien. Le problème dans tout cela, c'est que vous ne fixez pas de limites. Comment reconnaître la richesse sans savoir exactement ce qu'elle est ? Le problème des gens trop riches, c'est la même chose ; ils ne se sont jamais dit quand arrêter, et cela les rend insécures. Pour eux, ce n'est jamais assez. C'est la même chose dans tout ce qui est votre vie. Demandez-vous jusqu'où vous voulez avoir cela, ce que cela vous procurera, ce que vous en ferez. Comme cela, vous saurez reconnaître ce que la définition de la richesse sera pour vous. Mais si vous ne vous donnez pas ces bases, ces appuis, vous ne les reconnaîtrez pas lorsqu'ils arriveront. *(Luminance, I, 17–04–1993)*

*Q*uelle serait votre plus grande crainte face aux propos que nous pourrions vous dire ?

Je ne sais pas.

Ou vous ne voulez pas. Donnez-nous un mot qui décrit votre vie. N'ayez aucune crainte, personne ne l'entendra, et nous corrigerons si vous vous égarez.

L'insécurité.

Qu'est-ce que cela vous a fait vivre ? Ne vous en faites pas, vous n'êtes pas la seule dans ce cas ici.

Plein de problèmes.

Nous allons vous le faire dire, votre problème. Qu'avez-vous recherché le plus ces 10 dernières années, qui aurait vraiment pu vous combler ?

La compréhension.

Tout à fait. Nous allions vous dire que cela commence par un « c ». Pas la compréhension des autres, mais de vous. Quoi d'autre avez-vous vraiment développé ? Cette fois, cela commence par un « e » et cela se termine par la même lettre. Quel a été le terme que vous avez le plus développé ? L'exigence. En fait, cela vous a empêchée de voir. Dans cette vie, vous avez tellement demandé, vous avez tellement attendu de recevoir, de comprendre, que vous en êtes venue à attendre que les événements se produisent. Il y a plusieurs années, vous alliez de l'avant. Mais vous avez décidé d'attendre. Vous êtes venue chercher ici une grande part de compréhension, et une infime part de connaissances cependant ; vous n'êtes pas venue chercher une compréhension à l'extérieur de vous, mais une compréhension intérieure pour mieux comprendre ce que vous avez vécu. Oh ! vous avez beaucoup à apprendre à travers cela. *(Marée et allégresse, III, 06-11-1993)*

Comme on a choisi de faire notre vie en fonction des responsabilités qu'on s'est données et que maintenant nos connaissances nous amènent à...

Vous vous êtes donné ces responsabilités, comme vous le dites dans votre question.

Oui.　Comment s'en dégager maintenant
sans avoir peur, en sentant une bonne sécu-
rité, et comment ne pas transmettre cela à
nos enfants?

Quelle est la plus grande insécurité de vos
vies à votre avis ?　Quelle est la plus grande
insécurité que vous pourriez vivre ?

C'est la peur d'avoir mal.

Aucunement !　Quelle est la plus grande
insécurité ?　Qui le sait ?

La solitude ?

La peur de perdre son Âme ?

Qu'il n'y ait pas de vie après la mort ?

La sécurité !　C'est la pire insécurité !　Plus
vous chercherez à l'obtenir, moins vous
l'aurez parce que vous n'aurez jamais la certitude que, cette fois, vous serez sécures.　Et
lorsque vous croirez l'être, vous ferez telle-

ment tout pour ne pas la perdre que votre monde s'écroulera la journée où vous la perdrez. La plus grande insécurité, c'est la sécurité ! Et la plus grande sécurité, c'est justement d'être conscient que vous êtes insécure. Cela, c'est sécuritaire ; cela, c'est équilibré. Vous comprenez notre sens ?

Je pense que oui. Donc, je n'ai pas à m'inquiéter.

Donc, il faut en rire ! Il n'y a qu'une seule sécurité et c'est une assurance, vous appelez cela le décès physique. Mais jusqu'à ce que cela se produise, vous serez tous aussi insécures dans votre sécurité. Donc, si vous cherchez la sécurité, vous pourriez mourir insécures. L'équilibre ? Mieux vaut être insécure et fort qu'affaibli dans sa fausse sécurité. En fait, il n'y a pas de riches, il n'y a pas de pauvres. Il n'y a que les gens assez pauvres pour croire qu'ils sont riches. Bon ! vous devrez lire deux ou trois fois pour comprendre ! Tout cela n'est qu'une question d'acceptation. Donc, vous serez

toujours selon ce que vous croirez être.
Utilisez votre imagination pour croire que
vous aurez le soutien nécessaire autour de
vous, croyez aussi en ce que vous aimez
vraiment, prenez les moyens d'y arriver
même si cela ne vous donne pas cette
fausse sécurité, et vous vous rendrez
compte que vous aurez une chose de plus :
vous aimerez comme jamais tout ce qui
vous entourera. Mais si la preuve d'amour
doit se démontrer avec des biens, c'est que
vous êtes beaucoup plus sécures que vous
ne le croyez. Et cela vous rendra insécures.
Une question pour vous maintenant. À
votre avis, quelle est la plus grande insécurité ?

La sécurité.

Redites-le un peu plus fort que cela.

La sécurité !

Tout à fait ! Parfait ! Excellente réponse...
(L'élan du cœur, II, 19–05–1996)

J'aimerais un moyen précis ou des moyens précis pour contrer l'influence, modifier l'influence...

L'influence, c'est une faiblesse en partant.

Pour contrer les patterns familiaux dans le but de développer notre propre identité.

Nous avons une réponse encore plus simple que la question. Si nous vous disions de manger la même chose tous les jours, combien vous faudrait-il de temps pour vous en fatiguer ?

Ce serait rapide.

En êtes-vous certaine ? Y aurait-il des chances que vous puissiez vous habituer à manger la même chose ?

Il y a différentes façons de manger la même chose.

Disons que vous mangez des pommes de terre tous les jours, seulement cela. Mettons un peu d'eau, ce sera moins sec. Quelles sont les chances que vous y preniez goût et que vous continuiez toute votre vie à manger uniquement des pommes de terre, par rapport à une autre personne qui dirait : « Bon, ce n'est pas mauvais, mais j'en ai assez, je fais autre chose » ? À votre avis, quels sont les pourcentages de l'un ou de l'autre ?

J'aime les pommes de terre...

Non, vous ne répondez pas. Partez du début de tout ; oubliez ce que vous avez vécu et ce que vous vivez. Pensez seulement à la question que nous venons de vous poser. Quelles sont les chances que vous continuiez à manger la même chose en y prenant goût et les chances que vous cessiez de le faire ? Donnez-nous un pourcentage. Vous verrez que ce sera très juste.

100 % pour que je cesse.

Faux ! Chez les êtres humains, dont vous faites partie, il y a 50 % de chances que vous aimiez ce que vous faites et que vous continuiez sans vous en rendre compte et 50 % de chances que vous trouviez que vous avez mangé la même chose suffisamment longtemps et que vous décidiez de manger autre chose. À votre avis, quelle sera la journée où vous déciderez de manger autre chose ? La journée où vous...

Où j'aurai décidé ?

Où vous aurez pris la décision, effectivement. Vous nous parlez d'habitudes acquises. Donc, tout comme ceux qui ont longtemps mangé des pommes de terre, vous pourriez vivre ces habitudes toute votre vie. Quelles sont les chances que vous les changiez, à votre avis ?

50 %.

50 % de chances. Et qu'est-ce qu'il faut faire pour cela, à votre avis ?

Le vouloir.

Et le...

Faire.

Faire... mais cela rend insécure. Le changement, la peur que les gens ne vous aiment
pas autant, qu'est-ce que cela produit ?
Encore plus d'insécurité parce que les gens
finissent par ne plus s'aimer eux-mêmes. Et
ne s'aimant pas eux-mêmes, ne voulant pas
le voir, ils veulent être aimés encore plus
pour justifier l'amour qu'ils n'ont pas.
Donc, ils vivront pour l'autre ou pour les
autres, jusqu'à ce qu'une habitude devienne
acquise. Les pommes de terre à vie, il y en
a qui font cela tous les jours et, pour eux,
c'est très sécuritaire ! Cela ne coûte pas très
cher, ils n'en manqueront pas. Tout ce
qu'ils risquent de manquer, c'est de s'étouf-
fer... s'ils s'en rendent compte. Un peu plus
d'eau, et ils recommencent... Vous comprenez cette allusion ? Du moins, nous
l'espérons. En d'autres termes, ceux qui
veulent changer n'ont qu'une chose à faire,
se regarder devant un miroir et se poser

cette question : « Est-ce que j'en ai assez
mangé comme cela ou est-ce qu'il m'en faut
encore un petit peu plus ? » Dans le cas où
vous voulez changer, vous aurez la réponse
rapidement, du moins dans votre cas. Pour
d'autres, c'est : « Et si jamais on ne m'aimait
pas autant ? Et si j'étais différente, est-ce
qu'ils me verraient ? » Quelle foutaise que
tout cela ! Que de temps perdu ! Vivez
comme si vous n'aviez que 24 heures
devant vous, comme si vous n'aviez pas de
temps à perdre et vous verrez que les patterns, comme vous dites, vous les oublierez
rapidement. Encore mieux, donnez-vous
un délai pour changer, donnez-vous
24 heures. Trouvez des recettes nouvelles
pour vous aimer encore plus. Comptez
moins sur les autres. Les habitudes fami-
liales acquises, il faut parfois vous en
éloigner pour voir ce qui se fait ailleurs.
Cela rejoint très bien la question précédente au sujet d'un peuple qui ne se connaît
pas. Et nous avons répondu que c'était la
même chose pour les individus, ils ne se
voient pas non plus et ils en redemandent.

Vous comprenez ?

Oui.

Fort bien ! Ceux qui réussissent sont ceux qui comprennent, oui, mais ce sont surtout ceux qui mettent en application. Ceux qui par insécurité veulent développer leur sécurité ne voudront pas changer, et la réussite s'envolera aussi rapidement. Ce seront des gens insécures. *(L'élan du cœur, II, 19–05–1996)*

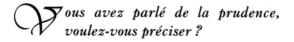

ous avez parlé de la prudence, voulez-vous préciser ?

Prudence au niveau du conscient, parce que plus vous apprendrez à écouter avant de comprendre, moins vous comprendrez. Le problème, c'est que la majorité n'ose pas assez, se retient pour être aimé, se retient pour s'aimer, à cause de la peur de changer. Regardez cependant, dans vos propres vies, toutes les fois que vous avez été satisfaits, toutes les fois que vous avez obtenu quelque chose, à chaque fois vous vous étiez permis un peu plus que les autres fois. La journée où vous aurez compris qu'aller de l'avant, c'est oser un peu plus chaque jour, c'est se recréer, renaître et être heureux de jouer dans cette vie afin de pouvoir en jouir, vous serez capable de regarder quelqu'un d'autre dans les yeux et de lui dire : « Je suis heureux, et toi ? » Oser, c'est tout cela. Pour chaque pas que vous ferez en osant, votre Âme en fera autant, car elle a tout à gagner... et vous aussi d'ailleurs ! *(Luminance, III, 05–06–1993)*

Lorsque nous étions jeunes, nous avons appris à ne pas écouter nos instincts, nos Âmes. Comment réapprendre à reconnaître et à écouter notre intuition ?

C'est ce que nous sommes en train de vous montrer.

Mais comment différencier entre l'instinct et la peur, car on réagit souvent selon la peur ou l'instinct ; on ne peut pas distinguer entre les deux.

Oh que si ! Lorsque vous avez peur, vous agissez pour vous protéger. Lorsque vous agissez par instinct, ce que très peu font, vous agissez dans le but d'avancer, pour que cela vous rapporte quelque chose. Ceux qui ont de l'instinct sont souvent des gens qui réussiront. Pourquoi ? Parce que c'est ce qui se rapproche le plus de l'intuition, ce qui veut dire agir sans comprendre. Par contre, la peur vous fera agir sans comprendre, pour vous protéger. L'instinct ne vous protège pas ; c'est la peur qui vous protège et c'est cette même peur qui vous fait douter. Les plus intelligents se servent du doute pour renforcer leurs croyances. Comprenez-vous cette distinction ?

Oui.

Dans le fond, nous comprenons le sens de vos propos parce que c'est ce que nous sommes venues vous montrer, à vous servir de vos vraies valeurs au lieu des acquis qui n'en étaient pas et qui se voulaient beaucoup plus collectifs, qui étaient des normes qui ne fonctionnent plus. *(Marée et allégresse, III, 06–11–1993)*

ourquoi avons-nous peur de la vérité ?

Parce que la vérité apporte des changements et parce que, chaque fois qu'une personne est franche avec elle-même, cela veut dire un changement, en mieux ou en moins bien, mais un changement. Plusieurs traduisent la vérité en émotion. Et, lorsque vous la traduisez en émotion, cela vous fait aussi faire des changements. Certaines personnes préféreront pleurer constamment parce que cela devient un refuge à l'ouverture, à la parole. Vous avez tous la même chose à retransmettre. Il n'y a pas une seule personne ici qui n'ait pas beaucoup d'amour en elle. Comment se fait-il que vous vous empêchiez tant de le dire et de vous le dire ? N'est-ce pas incroyable ! La peur de la vérité, c'est la peur du changement, la peur de ne pas avoir la force de faire des changements. À bien y penser, si vous regardez dans le passé, vous avez tous fait des changements et vous avez tous réussi à les faire, quels qu'ils soient, sauf que certaines personnes ont appris à en faire de plus grands ; elles n'ont pas appris à avoir peur d'être elles-mêmes. Pratiquez-vous devant un miroir ; essayez de vous convaincre, pas de vivre mais d'être vous. Plusieurs viennent de penser : « Mais cela va déplaire ! » Avez-vous pensé à vous déplaire aussi ? Certaines personnes préfèrent se déplaire plutôt que de déplaire aux autres. C'est comme l'amour. Personne n'en connaît la quantité, personne ne connaît ses limites. Et certaines personnes se déplaisent tellement que, même rendues aux limites, elles ne bougeront pas. Elles préféreront que leur forme s'en occupe d'elle-même. C'est alors que vous voyez vos cancers et autres maladies. Nous pourrions vous parler des systèmes immunitaires que vous avez dans vos formes. Comment se fait-il que certaines formes n'aient aucun problème alors que d'autres soient si faibles ? Pour une raison fort simple, le système immunitaire dirige. Et lorsqu'il n'a aucune raison de le faire, c'est comme lorsque vous n'aimez pas votre travail : vous ne le faites pas bien, ou vous ne le faites pas, ou vous le faites de mauvais gré. Ce sont des niveaux que vous retrouvez dans vos formes. Le système immunitaire, c'est un peu votre deuxième conscience. Il vous immunise ou non, pas de peut-être ! Ceux d'entre vous qui sont portés à dire « peut-être » n'ont pas le meilleur système immunitaire, c'est certain. C'est toujours oui ou non, comme vous aurez toujours seulement deux solutions à tout ce que vous vivrez. Beaucoup de mots pour une session, n'est-ce pas ? Certaines personnes en ont déjà assez ! *(Marée et allégresse, II, 09–10–1993)*

Comment diminuer les peurs qui nous habitent afin de nous permettre d'aller plus loin ?

Vous savez ce que sont les peurs ?

Je pense que oui.

Donnez votre définition. Nous vous don-
nerons la nôtre. Qui sont ceux qui ont peur
à votre avis ?

Ceux qui manquent de confiance.

Ceux qui n'essaient pas. Qui sont ceux qui
réussissent à votre avis ?

Ceux qui essaient.

Exactement, à tous les niveaux de vos vies.
Comment pouvez-vous avoir peur ? Vous
ne faites pas d'essais, sinon vous n'auriez
pas peur. La peur, c'est cela ; c'est le
manque d'audace, la peur d'essayer. C'est
beaucoup plus fatigant d'avoir peur que de
vivre une expérience, puisque vous y
penserez beaucoup plus longtemps ! La
majorité d'entre vous qui ne l'auront pas fait
le feront plus tard. N'est-ce pas ce qui se
produit dans vos vies quand vous vivez une
situation que vous n'aimez pas, que vous

continuez de la vivre, que cette expérience est mise de côté de force et que, tout à coup, vous refaites la même expérience avec quelqu'un d'autre, jusqu'à ce que vous osiez ? Il y a des raisons à cela ; vous êtes portés à vivre comme si vous étiez seuls avec votre tête. Ce n'est pas cela votre réalité. Cela, c'est 50 % de la réalité. L'autre 50 %, c'est celle qui peut oser pour vous et vous laisser vivre l'expérience déjà vécue. Vous ignorez beaucoup à ce niveau. Était-ce le sens de votre question ?

Oui. *(Arc-en-ciel, I, 09–04–1994)*

Pouvez-vous nous donner cinq phases pour nous aider à nous connaître nous-mêmes ?

Si nous n'en donnions qu'une ? Pourquoi y en aurait-il cinq ? Effectivement, cela prendrait plus de temps. La première phase, si vous voulez l'appeler ainsi, c'est de vouloir. La deuxième, c'est de faire l'inventaire de ce que vous êtes vraiment, de ce que vous aimez, de ce que vous n'aimez pas. La troisième phase, c'est d'admettre ce que vous aurez énuméré. La quatrième, c'est de passer à l'action, pas seulement d'y penser mais de passer à l'action. C'est la moins facile. Et pour en ajouter une cinquième, pour vous faire plaisir, c'est de penser à ce que vous serez devenus une fois que vous aurez eu le courage d'aller de l'avant. Et vous recommencerez ainsi avec tout ce qui ne va pas jusqu'à ce que cela se fasse tout seul, jusqu'à ce que vous compreniez que vous vous rendez la vie difficile en attendant que les autres règlent vos problèmes, jusqu'à ce que vous compreniez que, si les autres règlent vos problèmes, ce ne sera pas à votre façon mais à la leur, et cela ne vous conviendra pas plus. Un jour ou l'autre, vous en viendrez à comprendre que vous vivez votre vie, pas celle des autres. *(Diapason, III, 16–05–1992)*

Comment faire ou quelles questions se poser pour identifier nos vrais besoins ?

Au début de cette session, nous vous avons montré comment faire pour vous ressentir et nous avons ajouté : laissez monter, ne faites pas d'efforts pour traduire. Laissez monter ! Vos problèmes viennent du fait que vous faites trop d'efforts. Vous cherchez ce qui est devant vous. Vous tentez souvent de ne pas voir l'évidence et cela vous met dans tous vos états. Les bonnes questions ? N'en posez pas. Écoutez ce que vous vivez, placez un mot sur ce que vous vivez, qui le résume. Les bonnes questions ? La première à vous poser est : « Maintenant que j'ai décidé de changer, à partir de quand est-ce que je souhaite ce changement ? » Sinon, vous pourriez changer à 80 ans. Vous pouvez changer quand vous le voulez. Le problème, c'est plutôt que la majorité des gens ne veulent pas changer, trop habitués qu'ils sont de vivre comme ils le font. Rappelez-vous qu'il y a des gens qui sont convaincus qu'il y a du bonheur à vivre dans le malheur et, pour eux, c'est leur réalité. Ne vous fiez pas à tout le monde. Fiez-vous à vous-même et ne vous mentez pas, sinon votre forme vous rappellera à l'ordre. *(Luminance, III, 05–06–1993)*

omment peut-on changer une pensée qui nous limite ?

Si une pensée vous limite, c'est qu'elle est rattachée à un fait qui vous limite. C'est que vous avez habitué vos formes à vivre des contraintes, des limites. Nous expliquons cela par un autre fait. Si vous ne vous rendez pas toujours au bout de ce que vous voulez entreprendre, au bout de ce que vous avez le goût de vivre, vous créerez des limites, et ce à tous points de vue dans votre quotidien : limites dans les gens qui vous entourent, limites dans le plaisir que vous pouvez vous accorder, limites au bonheur auquel vous avez droit. Comment pouvez-vous passer outre ? C'est en apprenant dès maintenant à vous rendre à la limite de votre joie dans tout ce que vous faites, dans tout ce que vous entreprendrez. Osez dans tout ! Plus vous essayerez, plus

cela fonctionnera ; et plus vous saurez,
moins vous aurez à faire... Prenez les
quelques instants qui suivent pour placer
vos formes, qui ont pris des faux plis.
Encore une fois, ce ne sont pas les parties
les plus importantes qui vous rappellent à
l'ordre. Nous vous rappelons que ce n'est
pas au cerveau que vous avez mal, c'est un
peu plus bas. Voyez comme les impor-
tances se déplacent parfois. Avons-nous
répondu à votre question ?

Oui.

Y a-t-il une sous-question ? Si pour certains d'entre vous ce n'est pas clair, reposez
d'autres questions. Nous tentons toujours
de répondre pour satisfaire la majorité.
Mais ce n'est pas la majorité qui est un. Si
vous avez des questions différentes, allez-y.
Votre première session sert à cela, à vous
dégêner, à vous ouvrir. Surtout, profitez de
cela ; cela ne reviendra pas, comme chaque
instant de vos vies d'ailleurs. Si vous ne
savez pas en profiter, ils ne reviennent pas.

Vous êtes portés à penser que le passé, c'est il y a longtemps, mais le passé, c'est il y a une seconde, et cette seconde, oubliez-la, elle n'est plus. *(Arc-en-ciel, I, 09–04–1994)*

ans le même sens, comment oser être soi-même tout en conservant son bien-être ?

Vous vous regardez dans le miroir, vous apprenez à vous accepter et, plus important que tout, vous apprenez à vous respecter. Normalement, si les gens qui vous entourent vous respectent, vous n'avez pas à poser cette question. Si des gens que vous côtoyez n'arrivent pas à vous respecter et que vous en arrivez à dire oui lorsqu'il faudrait dire non, votre question a du sens. Était-ce le sens ?

Oui.

Il vous a tous été démontré à vivre pour plaire aux autres, à vos parents en premier et puis après aux autres. Vous en êtes tous venus à croire la même chose, à savoir qu'il fallait vous donner aux autres pour être aimés. Quelle foutaise que tout cela ! Il aurait mieux valu qu'on vous montre à vous aimer vous-mêmes pour pouvoir donner ce que vous auriez compris. Nous vous disons cela parce que trop de gens vont vers les autres, exigent d'être aimés à travers les autres. Mais lorsqu'ils sont seuls, face à eux-mêmes, ils n'arrivent pas à se retrouver ; il leur faut toujours quelqu'un à leur côté. Déprimant, tout cela. Vous savez, cela ne se passe pas comme cela ; ceux qui font cela chercheront toute leur vie des gens pour les aimer, mais il leur sera tellement difficile de s'aimer eux-mêmes pour ce qu'ils sont. Le respect de ce que vous représentez, le respect de vos formes... C'est pour cela que nous avons dit de commencer par le miroir en premier, pour que vous vous reflétiez de façon à mieux vous refléter vers les autres. Reformulez votre question autrement si cela vous tente...

Mais si on a à s'affirmer...

Vous ne devriez pas avoir à vous affirmer,
vous devriez déjà vous affirmer. Si vous
dites : « J'aurai à m'affirmer », c'est que vous
avez du doute sur vos capacités de le faire.

C'est vrai.

Si, d'un autre côté, vous avez appris comme
il se doit avec les ex–périences de votre vie,
donc passées, vous n'avez pas à les refaire.
Ceux qui font et refont toujours les mêmes
erreurs sont ceux qui acceptent de ne
pas comprendre et qui voudraient que
quelqu'un d'autre qu'eux-mêmes les corri-
gent. Votre question est à la fois pleine
d'espoir et aussi pleine d'oubli. Pleine
d'espoir parce que vous voulez vous
affirmer dans certaines choses de votre vie,
face à d'autres gens, mais aussi pleine de
l'oubli de vos capacités. N'y pensez même
pas. Même le mot affirmer, qui veut dire
sortir de soi de façon à être affirmatif face
aux autres, vous ne devriez même pas y
songer. Si vous êtes vous-même, si vous
apprenez à vous accepter telle quelle,

autant avec vos qualités qu'avec vos défauts,
car c'est ce qui vous compose, vous n'aurez
pas à vous affirmer, vous serez. Mais si
vous posez votre question, nous le savons,
dans le sens de l'affirmation, de savoir dire
non quand c'est le temps, c'est que vous ne
vous respectez pas assez lorsque cela vient.
Vous ne venez pas tous au monde pour
vivre pour les autres. Parfois, il est bon de
vous affirmer dans le sens de ce que vous
ressentez en vous. Et lorsque vous le faites,
comment cela s'appelle-t-il ?

Je ne sais pas.

Cela s'appelle le respect de soi, être vrai,
être soi-même.

*Être vrai, être soi-même apporte parfois des
conflits.*

Et les conflits apportent des... changements. Si nous vous disions : regardez bien
votre linge, car vous l'aurez jusqu'à 90 ans,
qu'est-ce que vous nous demanderiez ?

...

Vous nous demanderiez s'il est possible de les changer parfois. Si nous vous disions : vous mangerez des pommes toute votre vie, rien d'autre que des pommes, qu'est-ce que vous nous répondriez ?

Que j'aimerais changer.

Et si nous vous disions que vous allez vivre avec les mêmes personnes à vos côtés toute votre vie, qu'est-ce que vous nous répondriez ?

Je me dis que c'est possible en autant qu'on est bien avec soi-même.

Et si vous êtes bien avec vous-même ?

Je n'ai pas besoin de changement.

Et qu'est-ce qui vous entourera ?

Des personnes qui sont bien avec elles-mêmes et qui ont une bonne harmonie.

Et si vous devez changer cela pour être bien avec vous-même, qu'est-ce qui se passera ? Ces gens changeront. Ils iront soit dans votre direction pour être bien à vos côtés, soit vers des gens qui sont comme eux. Regardez dans le passé ; vous avez tous eu des amis et vous ne les avez pas gardés toute votre vie jusqu'à ce jour ! Il faut que vous compreniez une chose : tout au long de votre vie, toutes les fois que vous avez changé de façon assez importante dans votre quotidien, qu'est-ce qui a changé autour de vous ?

Mes amis.

N'est-ce pas ? Et quelle est donc la question que vous nous avez posée ?

Je parlais d'affirmation de soi et de...

Cela, c'était la première question. Quelle est la deuxième ?

Que cela pourrait causer des conflits ?

N'est-ce pas ? Ce qui causera des conflits, c'est de s'entêter à continuer dans une direction de façon à accepter de vous changer totalement, de façon à faire des concessions et à ne plus être vous-même. Et qui changera si vous faites cela ? Vos amis, parce que vous ne serez plus vous-même. Toutes les fois que vous changerez dans votre vie, vous aurez des gens qui auront changé à vos côtés ou vous aurez des gens qui ont déjà changé, qui vous feront voir ce qui se passe. Oh ! nous pouvons vous le dire, votre monde actuel est le seul monde dans l'Univers où l'on signe des contrats pour s'unir ; vous êtes le seul monde, le seul peuple à faire cela. Et encore beaucoup plus le seul à dire : pour le meilleur et pour le pire ! C'est aberrant, vous savez. C'est déjà admettre que cela n'ira pas bien ; c'est déjà s'attendre à des conflits. On n'aime pas avec le meilleur et le pire ; ce n'est pas une façon d'aimer. Si vous acceptez de manger des pommes toute votre vie, soit ! Vous ne développerez que le goût des pommes... Mais ce que nous voulons vous faire comprendre, c'est qu'il peut arriver dans une vie que ce qui vous entoure ne vous convienne plus, pour mille raisons. Ce peut être, entre autres, parce que la personne qui vit à vos côtés vous refuse le changement, vous refuse de vous voir autrement que ce que vous étiez, et vous resterez toujours la même en vous en voulant de ne pas être autrement. Et notre deuxième question est : à quel âge une personne peut-elle changer et jusqu'à quel âge ?

Elle peut changer en tout temps.

Comment se fait-il qu'il y ait des gens qui se sentent libres lorsqu'ils sont veufs ou veuves ? Et ils sont plus nombreux que vous ne le croyez ! Comment se fait-il que certains couples qui vivent des séparations se sentent tout à coup libres, plus libérés – et nous ne parlons pas des obligations qu'ils s'étaient infligées en vivant ensemble ? Plus les années passent, plus vos siècles avancent, plus vous en venez à comprendre ce

que vous êtes, ce qui vous compose. Et plus vous prenez d'années, plus vous vous rendez compte que la vie passe très rapidement ! À travers cela, il faut comprendre que, oui, vous pouvez faire des concessions toute votre vie si vous restez dans la mesure du 50 % avec la personne et que vous l'aimez, dans le sens de l'amour que nous avons mentionné plus tôt, en ce sens que cela n'a pas besoin de justification. Vous saurez alors vous ajuster, et les deux s'ajusteront : 50–50. Donnant, donnant. Mais si vous en êtes rendus au point que c'est beaucoup plus du tracas, que cela vous empêche de dormir et que vous vous sentez mal en vous, vous avez encore deux choix : continuer comme cela ou changer. Et ceux qui continuent comme cela se sentent habituellement mal physiquement. Certaines personnes ont appris cela très jeunes.
(La source, II, 07–05–1995)

Lors de la dernière session, vous avez mentionné que certaines personnes avaient des barrières, et parti-

culièrement la peur de perdre des gens qu'ils aimaient. J'en fais partie...

Et vous n'êtes pas la seule ! Il faut vous rendre compte que, si vous perdez autour de vous des gens que vous aimez, c'est parce qu'ils ne vous aimaient pas. Si l'amour était réciproque, ces gens ne partiraient pas. Nous avons aussi mentionné que vos changements futurs attireront de nouvelles personnes à vos côtés. Nous ne parlons pas de vos conjoints, bien sûr, mais de nouveaux amis, de nouvelles connaissances qui se présenteraient, comme par hasard, parce que vous changez de niveau d'évolution, de niveau de compréhension. Vous allez vous diriger vers des Âmes ayant des expériences similaires. C'est cela les changements. Si vous deviez vivre toujours avec les mêmes personnes dans votre entourage, vous auriez toujours les mêmes influences et vous ne changeriez pas. Vous avez donc voulu du changement. Non seulement vous vous êtes encouragé consciemment, mais votre Âme a aussi

considéré votre effort comme une demande. Sur ce sujet, votre Âme ne croyait
pas aux blagues. Elle fera donc en sorte
que les gens qui vous entoureront soient
dignes de vos changements. Nous ne vous
disons pas que cela ne pourrait pas causer
de friction dans des vies de couple, mais il
y a place pour des ajustements, vous savez.
Plusieurs d'entre vous vivent en couple et
refusent de s'exprimer ; ils refusent aussi
qu'il y ait compromis. Mais qui vous dit
que le conjoint que vous avez actuellement
n'a pas tout simplement peur, que son
Âme n'a pas l'expérience de la vôtre et que
cela pourrait prendre un peu plus de
temps ? Il y a plusieurs façons d'exprimer
l'amour, plusieurs façons de le faire
percevoir. Ce qui peut être la réalité
physique de l'amour pour certaines personnes peut ne pas l'être pour d'autres.
Mais vous pouvez exprimer l'amour de
façon différente. Nous aurons d'ailleurs
des questions à ce sujet. Aviez-vous ter-
miné cette question ?

*Mon intention était de vous demander com-
ment se conditionner à accepter tout cela,
mais vous m'avez répondu.*

Vous savez, vous n'avez pas besoin de vous
conditionner parce que ce qui doit arriver
arrivera. Le lâcher prise est fort important,
mais actuellement vous n'avez pas les
moyens pour cela. Certaines personnes ici
sont sur le point de réussir, d'autres ana-
lysent encore trop. N'ayez aucune crainte,
nous verrons à vous fournir les outils
nécessaires et l'aide aussi.   Nous avons
observé les changements que chacune des
personnes du cours précédent ont subis.
Pas une seule d'entre elles n'a pas eu ce
qu'elle voulait. *(Les colombes, IV, 08–09–1990)*

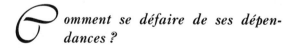omment se défaire de ses dépen-
dances ?

Habituellement, les connaissez-vous ?

Oui.

Dans ce cas, pourquoi cette question ?
Vous nous dites que vous avez des dépen-
dances et que vous voulez vous en débar-
rasser. Regardez ce qu'elles vous apportent.

*Je ne suis pas capable de les enlever comme
cela.*

Reformulez cela.

*De la façon dont vous parlez, cela semble
très facile mais...*

C'est la façon dont vous pensez qui est difficile.

*Comment m'aider à penser pour que ce soit
plus facile ?*

Trouvez le besoin, trouvez une raison.
Prenons l'exemple d'une personne qui fume
beaucoup. Qu'est-ce qui fait qu'elle arrêtera
de fumer ? Qu'est-ce qui pourrait créer
cela ?

Le besoin d'arrêter.

Le besoin d'être en santé.

Tout cela est faux. Certaines gens ont des cancers du poumon et continuent de fumer.

Trouver le besoin pour arrêter de fumer.

Vous êtes très près de la réponse ; ces gens compensent par autre chose. En d'autres termes, ils ont changé le besoin. Ils ont appris à trouver autre chose que ce que fumer cachait. Compensez dans vos vies ! Avez-vous déjà oublié ce que nous venons de débattre il y a quelques instants ? Comment cette personne fera-t-elle dans sa tête le cheminement d'acceptation entre le simple fait d'être en enfer dans son travail, ce qui est au quotidien, et le chien qu'elle achètera ? Elle a compensé, elle a trouvé une raison, un besoin plus grand que le mal lui-même. Si vous ne trouvez pas cela, c'est que vous n'avez pas encore assez mal ou que votre raison n'est pas assez valable. Vous voulez, mais vous n'avez aucun besoin. Si vous voulez changer ce que vous n'aimez pas, rien de plus simple, cessez de vouloir trouver une raison. À défaut de faire cela, vous ne changerez rien. C'est très simple. Si nous vous disons : « Voici 10 dollars ; vous pouvez vous acheter des cigarettes ou vous nourrir. » Si vous n'avez rien pour vous nourrir, que choisirez-vous ?

De la nourriture.

Et celui qui fume beaucoup ?

Des cigarettes peut-être. Tout dépend depuis combien de temps il n'a pas mangé.

Nous avons posé cette question parce que nous croyions que vous aviez faim. Vous savez, il en va selon le besoin de chacun. La logique serait que ce soit de la nourriture mais, pour d'autres, le besoin de fumer serait plus grand que celui de la nourriture. Si cette personne avait vraiment faim, elle changerait son besoin. C'est la même chose dans votre quotidien. Quand vous en aurez assez, quand vous trouverez les raisons qui font que vous endurez un phénomène, un fait, des habitudes, peu importe, vous changerez votre besoin. Vous avez ces habitudes par compensation, parce que cela cache constamment autre chose. Dès que vous comprenez cela, vous commencez à changer, constamment. Pourquoi ces soupirs ?

Ça fait beaucoup de bagage !

Nous avons à peine touché 5 % de la matière que nous avions pour vous dans cette session. *(L'éclosion, II, 24-04-1993)*

Si quelqu'un prend des risques inutiles dans sa vie, par exemple un chauffeur de course automobile, est-ce que cela retarde quelque chose ?

Vous appelez cela un risque ? En fait, qui court le plus grand risque ? La personne qui fait de la course automobile ou – ne faites pas allusion aux événements actuels – la personne qui ne bouge pas et s'en fait pour ce qu'elle vit ? Quel est celui qui

prend le plus grand risque ? Pas la personne qui va le plus vite, soyez-en sûre.
Risque ? C'est fonction de la compréhension. C'est un mot seulement. Par contre,
la personne qui choisit d'être coureur automobile, ce qui inclut les risques que vous
connaissez, ne profite-t-elle pas plus de la
vie, si elle aime cela, que la personne qui
prend le risque de travailler dans quelque
chose qu'elle n'aime pas seulement pour se
nourrir ? Cela dépend de votre compréhension de ce qu'est le risque. En fait, le
risque n'existe pas à moins de faire quelque
chose, un geste conscient, sachant qu'il y a
danger pour vos vies. Mais si vous faites
quelque chose que vous aimez par-dessus
tout, qui vous absorbe, même s'il y avait un
risque pour d'autres, cela deviendra eupho-
risant pour vous, cela vous donnera plus
que l'autre, cela vous identifiera différem-
ment. La personne qui réussit n'a-t-elle pas
pris de risques ? La personne malade n'en
prend-elle pas un plus grand ? Elle prend
celui de continuer de l'être, celui de ne plus
vivre. Où est le risque ? Qu'est-ce qui est

normal ? Où est la folie ? Où est le raisonnement ? C'est à tout cela que votre monde se voit confronté, à la recherche d'un rationnel qui ne l'est plus. Donc, notre réponse à votre question en aidera d'autres, à moins qu'elle ait été posée dans un autre sens. Désirez-vous changer cela ?

Quand on sait qu'il y a un risque de mourir, n'est-ce pas un manque de respect pour sa propre vie ? C'est quasiment une forme de suicide, non ?

Vous avez déjà répondu pour nous, vous avez dit non à la fin... En fait, une personne qui ne fait pas ce qu'elle veut, c'est déjà un début de suicide. Une personne qui n'arrive pas à comprendre ce qu'elle vit et l'accepte, c'est aussi une forme de suicide. Où est le risque ? Il est bien plus grand que de prendre de vrais risques. Perdre la vie, certains le font tous les jours ; ils le savent et se disent : « Malheureusement, je vais me lever demain pour aller travailler. » Cela, c'est un grand risque, le risque de voir passer sa vie et de se dire : « J'aurais dû ! » C'est le pire de tous les risques. Nous pourrions faire une session seulement sur le suicide tellement il y en a de sortes, pas sur les méthodes mais sur les raisons qui y conduisent. Encore là, certains se suicident tous les jours dans leur quotidien, et se relèvent le lendemain pour continuer à se suicider jusqu'à ce que cela se fasse vraiment. Le cancer déguise beaucoup de choses ! Très peu de cas sont génétiques. Cependant, toutes les formes l'ont, même l'enfant qui vient au monde en a des traces. Vous tous ici l'avez aussi, mais tous ne veulent pas le continuer. Certains ont des raisons suffisamment fortes pour que leur forme veuille aller de l'avant, pas seulement la tête, la forme aussi. Effectivement, il y a beaucoup de questions à vous poser. Est-ce que le simple fait de côtoyer une personne malheureuse ne rend pas l'autre un peu malheureux ? Nous le croyons. Le fait de vivre avec une personne qui a le goût de vivre ne vous donne-t-il pas aussi le goût de vivre ? Tout à fait. Qu'en est-il de ces conjonctures internes où vous devez vous battre avec vous-même ? Avec qui voulez-vous vivre ? Qui êtes-vous ? Que choisissez-vous de vivre ? Vivriez-vous avec quelqu'un comme vous ? Si c'est non, qu'est-ce que vous aimeriez changer pour vous permettre de vous lever avec quelqu'un d'autre, incluant vous-même, bien sûr ? Qu'est-ce que vous changeriez pour être différent ? Qu'est-ce que vous apporteriez de plus ? À moins d'être vous-même votre meilleur ami, vous n'en aurez pas. Songez à cette phrase... *(Arc-en-ciel, II, 07–05–1994)*

Vous venez de dire que, lorsque nous n'aimons pas notre travail, il faut avoir le courage de changer d'emploi. Si on aime notre travail, mais que certaines personnes nous empêchent d'avoir un bonheur complet...

Donc, c'est une partie du travail, parce que ces gens travaillent avec vous. Ce n'est pas totalement le travail. Dans votre cerveau,

vous aimez la tâche mais pas l'ensemble.
Vous pouvez faire deux choses. Ou vous
apprenez à rencontrer ces gens face à face
et à leur dire seulement ce que vous ressentez, ce qui serait vrai, et ce n'est pas toujours facile à faire. Ou vous reconnaissez
que ces gens jouent un rôle. Vous savez, les
imbéciles heureux existent pour vrai, même
dans de hautes positions. Vous les appelez
des patrons. Nous n'avons pas dit que les
patrons étaient tous ainsi, même si vous en
connaissez plusieurs. Ces gens jouent un
rôle. Ils feront souvent des conneries, mais
ce sont des patrons, ils ont plus de droits.
Cela ne veut pas dire qu'il vous faut les
remplacer. Que feriez-vous pour vous
amuser ? Effectivement, même si ce n'est
que 5 % de votre travail qui vous ennuie,
cela vous ennuie quand même et, un jour
ou l'autre, même s'il ne s'agit que de deux
personnes, ce sera deux de trop. Regardez,
vous vivez à deux et la même chose se produit. Alors, dans une société, il devrait être
permis de comprendre que le changement
d'emploi peut être voulu et qu'aucun

emploi n'est unique. *(Renaissance, IV, 07–12–1991)*

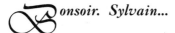onsoir. *Sylvain...*

C'est votre deuxième bonsoir... Avec vous, nous sommes passées du jour au soir.

On dit qu'on peut servir de canal à des Entités. Comment peut-on percevoir les Entités...

C'est de la foutaise tout cela ! Les Entités sont des mémères [commères] ! Tout ce qu'elles veulent, ce sont des formes. Et trop souvent, elles s'immiscent dans vos quotidiens. Le pire, c'est que certains aiment cela. Donc, il y a beaucoup de blabla, beaucoup de commérage puisque ce sont des mémères, et vous êtes souvent mal informés. Pourquoi ? Plusieurs savent qu'elles n'auront pas de forme avant plusieurs centaines de vos années. Donc, lorsqu'elles trouvent des formes sensibles, très ouvertes, elles en profitent. Ce n'est pas un don, ce n'est pas un talent que de communiquer avec elles, pas toujours. Certaines ont de grandes valeurs et elles peuvent très bien remplir ce rôle, mais ce sont généralement des commères. Nous les avons exclues des sessions de groupe il y a longtemps, deux années en fait, parce que trop de formes étaient influencées pendant ces sessions. Reformulez votre question.

Lorsqu'on dit qu'on est influencé par quelque chose qu'on ne comprend pas, est-ce que ce sont les Entités elles-mêmes qui sont présentes ?

C'est parfois au niveau de votre Âme, par-fois au niveau des Entités. Bien sûr qu'elles sont toujours présentes. Parfois, c'est vous qui demandez de l'aide. Et lorsque vous ne passez pas par vous-même, vous captez ce qui vous entoure et pas toujours pour le mieux. Vous comprenez cela ?

Pas tout à fait.

Les Entités sont aussi des énergies, comme vos Âmes, mais qui n'ont pas pu récupérer l'énergie de leur forme lors de leur décès. Lorsqu'elles n'ont pas cette énergie, elles refont leur expérience jusqu'à ce qu'elles puissent maîtriser et être maîtrisées. Cela se vit à deux, votre forme et elle. Plusieurs de vos formes ont l'ouverture nécessaire pour vous permettre de les percevoir, alors qu'à d'autres occasions, c'est votre Âme que vous percevez, une énergie parallèle à la vôtre. Quelle est la différence ? Vous n'en faites pas la différence car vous n'êtes pas assez habitués de percevoir. D'ailleurs, vous êtes tous si préoccupés par vos quotidiens qu'il n'y a pas grand place pour cela ! Antérieurement, nous avons demandé : qu'est-ce que la vie. À vous, nous allons poser une question légèrement différente. À votre avis, quel serait l'idéal de la vie ?

Actuellement, de réussir à s'aimer soi-même.

Et dans l'ordre général ?

De s'aimer soi-même et d'aimer les autres également.

Vous avez 50 % pour cette réponse. Mais comme vous aimez la perfection et que vous aimeriez avoir au moins 80 %, nous allons répondre. Effectivement, vous aimer, c'est tout un défi ! Et c'est le défi de chaque personne ici. Nous allons vous dire de quoi la vie est composée. Nous allons rendre cela très simple ; nous ne chercherons pas à vous compliquer les réponses – Serge devrait écouter les yeux bien fermés afin de bien percevoir. Le jour où vous aurez compris que, dans vos êtres, vous serez toujours des dualités dans une unicité, deux dans un, vous saurez ce qu'est la vie. Si vous voulez vivre seulement votre part consciente, il y aura toujours un manque dans vos vies, toujours. Vous avez appris à traduire l'amour personnel par un état d'être et vous ne pouvez recréer cet état d'être sans votre Âme. Employez le terme que vous voudrez pour le désigner, énergie ou amour, mais tant et aussi longtemps que ce ne sera pas maîtrisé, vous chercherez à l'extérieur, jusqu'à ce que la vie vous fasse prendre conscience que, seul, vous existez encore. Votre plus grand défaut dans cette vie fut de vouloir trop aimer à l'extérieur de vous et de trop vouloir rendre la vie parfaite. Vous avez voulu une vie trop parfaite, des petites cases pour chaque chose, sauf que, lorsque les cases sont bien remplies, vous vous rendez compte que ceux qui vous entourent ne sont pas plus heureux. Donc, ce n'est plus le matériel. La vie, c'est beaucoup plus que cela ! Il n'y a que deux étapes à franchir dans vos vies. Première étape : apprendre à vous redécouvrir et, pour certains, à se découvrir, apprendre à être bien avec soi-même. Deuxième étape : mettre le rythme en place dans vos têtes. Qu'est-ce que cela veut dire ? La journée, à la seconde même où vous aurez fait ce contact en vous, vous verrez le poids tomber de vos épaules. Pourquoi ? Vous faites partie d'un tout, mais vous ne voulez pas en être conscients. La journée où vous commencerez à percevoir par des images ce que vous devez faire, par des mots ce que vous devez dire ou faire, et que vous le ferez, vous enclencherez cette roue qu'est la vie. C'est alors que vous aurez l'aide nécessaire. Nous avons dit que les Entités étaient des mémères, c'est vrai. Toutefois, il y en a qui devraient être parmi nous et qui sont restées parmi elles pour les aider. Et vous êtes très bien perçus, pas au niveau de votre peau mais de l'ensemble qui vous retient ; et cela est très visible. Donc, quand vous serez perçus comme faisant partie d'un tout et que vous en serez conscients, vous serez, et il n'y aura plus rien d'impossible. Vous demanderez et vous aurez. N'est-ce pas ce qui vous a été appris ? Mais vous avez appris à demander à l'extérieur de vous. Vivre, c'est pouvoir participer à ses rêves afin qu'ils deviennent réalité, pas rêver mais participer. Pour ce faire, il faut le comprendre. Enclenchez vos vies ! Laissez-les tourner et embarquez [montez]. Écoutez ce qu'il y a en vous. Cessez d'analyser ; cessez de vouloir réaliser. Vos formes continuent de vivre pendant que vous nous écoutez... Eh bien, c'est la même chose pour la vie, écoutez-la, écoutez vos formes ! Vous serez alors partie prenante et vous aurez ce que vous voulez. Tout rêve est réalisable à ce niveau. Ce qui vous empêche d'être heureux ? Nous allons vous le dire, c'est simple, trop simple. Premièrement, vous ne vous écoutez pas ; vous écoutez à l'extérieur de vous. Deuxièmement, vous voulez tellement rendre les autres heureux que vous en êtes dépendants et vous êtes devenus interdépendants. Vivre, ce n'est pas cela ! Cela, c'est se transformer en esclaves et il y en a déjà beaucoup trop. Vous êtes indépendants, tous ! Il n'y a pas une Âme pour trois formes, il y a une Âme par forme ! Que vous le vouliez ou non, que vous vous battiez ou non avec ce principe, ce sera quand même la réalité. N'attendez pas d'avoir 80 ou 90 ans pour vous dire : « Maintenant, j'ai compris ; il fallait donc que je desserre les dents pour vivre. Il fallait que j'apprenne à me sourire ; il fallait que j'écoute quand c'était le temps.

J'aimerais tellement faire ceci ou cela. »
Pas une seule personne ici, pas une seule,
n'a pas des goûts profonds, des attentes,
des besoins. Sur qui comptez-vous ?
Qu'attendez-vous ? Combien de fois avez-
vous entendu ce qu'il fallait faire mais remis
à plus tard de peur d'agir ! La meilleure
façon d'apprendre n'est-elle pas l'erreur ?
N'est-ce pas la meilleure façon de ne pas
refaire la même erreur ? Voyez les avantages en tout, sinon vous serez désavanta-
gés ! Souvenez-vous du message que nous
avions pour ceux que vous appelez les
anciens, ceux qui nous ont connues avant
vous : la journée où vous serez émus devant
une fleur ou devant n'importe quelle autre
chose qui vous entoure, vous saurez que
vous êtes comme cela... Il n'y a pas de
différence entre une fleur et vous ! Vous
avez le choix ; vous aurez toujours le choix
de vivre ou de vous faire vivre. La
meilleure façon de le faire, c'est de ne pas
croire en vous. Avez-vous compris ce que
nous venons de vous dire ? Qu'en
déduisez-vous ?

Qu'il y a encore beaucoup de chemin à faire.

C'est là que vous faites erreur ! Il y a huit de vos semaines, ou plutôt sept, vous avez commencé à vous rechercher, à vous rendre compte que, si la vie n'était que cela, ça n'en valait peut-être pas tout à fait la peine. N'est-ce pas ? En fait, loin dans le temps, cela ne veut rien dire puisque le temps n'existe pas. Vos changements sont commencés il y a sept semaines. En ce qui vous concerne, vous n'avez rien vu ! Dans un an, vous serez différent ; dans deux ans, complètement différent. Et vous vous direz : « Que c'était fou ! Je n'avais jamais vu cela dans ce sens ! » Vous avez voulu prendre la vie alors que c'est la vie qui voulait vous prendre ! Laissez-vous prendre et vous comprendrez. *(Co-naissance, II, 08–10–1994)*

Ma question comporte deux volets. Le premier : dans quelle mesure devons-nous structurer nos vies ? Le deuxième : est-ce que, dans le quotidien, nous

devons nous fier au fait que la vie nous met
dans les situations où nous devons être ?

Absolument pas, et absolument pas.
Structurez vos vies et vous serez déstruc-
turés ; vivez dans la recherche de la sécurité
et vous serez insécures comme jamais. Il
n'y a aucune structure dans ce sens. Au
contraire, tout ce que nous vous avons dit,
c'est pour vous déstructurer, pour éviter
que vous ne deveniez enfermés de vous-
mêmes, dans un monde qui vous enferme
pour que vous soyez tous pareils. Vous êtes
tous parfaitement imparfaits ; vous êtes
aussi tous parfaitement « inidentiques ».
Donc, vous êtes parfaitement tout cela.
Cherchez à structurer ce que nous sommes,
et vous ne comprendrez rien ; cherchez à
structurer les dimensions que sont les
Entités, et vous ne comprendrez rien. Au
contraire, vous êtes déjà une structure
vivante. Ce n'est pas à comprendre, cela vit
déjà. Ce qui est structuré, c'est ce qui ne se
vit pas ; c'est ce qui se bâtit, c'est ce qui
s'analyse. Et vous ne pouvez pas vivre ce

que vous analysez puisque vous l'analysez. Donc, vous n'avez pas le temps de le vivre. La structure ? Foutaise que cela ! Laissez cela à ceux qui se cassent la tête et qui n'ont pas compris ; ils ne comprendront pas plus demain. Sachant cela, quel serait votre deuxième volet ?

Est-ce que nous devons faire confiance à la vie dans la mesure où elle nous place invariablement dans les situations où nous devons être ?

À votre avis, quel est votre choix face à un événement que vous avez à vivre ? Rappelez-vous que, dans vos vies, vous avez toujours deux choix, pas trois. Vous avez deux choix devant un événement. Quels sont-ils ? Accepter ou ne pas accepter. Si, d'un côté, vous acceptez, ce sera déjà à moitié compris et vous irez de l'avant. Si, d'un autre côté, vous n'acceptez pas, vous subirez l'événement jusqu'à ce que vous finissiez par croire faussement que vous l'avez oublié. Et cela reviendra sans cesse jusqu'à ce que vous l'acceptiez. Donc, selon vous, quel est votre choix ?

Accepter.

Et tournez ce que vous vivez en avantage, sinon vous vous subirez dans tout ce que vous vivrez. Et ce n'est pas vivre, c'est encore subir. Apprenez à retourner non seulement en avantage, mais à retourner tout de suite dans votre tête un événement qui se produit, même si ce n'est pas l'événement que vous auriez souhaité. Apprenez à accepter. Vous apprendrez ainsi à vous pardonner au moins l'événement et vous ne reviendrez pas sur ce fait. C'est lorsque vous n'acceptez pas que vous n'oubliez pas. Donc, pour répondre à votre question, oui et non. Oui, pour ceux qui veulent avancer dans leur vie, reconnaître que ce qu'ils vivent peut et doit leur être utile, qui font le minimum d'efforts conscients pour retrouver l'avantage, et non, pour ceux qui veulent subir. Vous pourriez aller vous faire tirer aux cartes tous les jours et vous auriez

des réponses différentes, mais cela ne veut
pas dire que vous devriez le faire.
Apprenez à vivre et vous oublierez ce que
c'est que de subir.   Vivre veut dire s'accepter, se connaître et se partager.   Vous
êtes une dualité dans une unicité ; cela, c'est
votre vraie réalité.   Et vous ne vivez pas
après la mort à moins d'avoir vécu dans
votre vie.   *(La source, III, 11–06–1995)*

*Avez-vous une technique à nous
proposer ou dans quelle disposition
devons-nous être lorsqu'on enclenche un
projet pour ne pas être déstabilisés
lorsqu'on rencontre des embûches finan-
cières et, dans certains cas, humaines ?*

Une embûche financière, au départ, spécifie
deux choses : une mauvaise analyse de la
demande et, deuxièmement, la meilleure
façon de vous faire trébucher.   Vous voulez
une très bonne réponse à tout cela ?   Levez-
vous debout, nous allons vous montrer
comment faire.   Levez-vous debout maintenant, pointez votre bras à l'horizon et

regardez bien le bout de votre doigt. C'est très important. Dites-le-nous lorsque vous serez vraiment prête.

Oui.

Continuez de regarder le bout de votre doigt. Maintenant, vous allez le retourner vers vous et le placer sur le bout de votre nez. Qu'est-ce que vous voyez ?

Mon bout de doigt.

Et qu'est-ce qu'il pointe ?

Moi.

Bravo ! Vous avez compris qu'il ne faut pas compter sur les autres dans tous les projets de votre vie ! C'est sur vous-même, vos capacités de volonté afin de réaliser ce que vous voulez. Regardez votre passé ; regardez bien attentivement. Quand vous avez voulu quelque chose, vraiment voulu quelque chose, l'avez-vous eu ?

Oui.

Pourquoi n'avez-vous pas obtenu le même résultat pour tout ? Parce que...

J'ai douté.

Tout à fait ! Chaque fois que vous aurez une demande à l'avenir, vous allez vous placer face à un miroir, vous allez pointer le bout de votre doigt et le diriger sur le bout de votre nez. Votre vie ne va pas plus loin que cela. Et ceux qui ne font que pointer sans revenir vers ce qui est le plus essentiel de leur vie, eux-mêmes, ne se rendent pas compte de ce qu'ils ont et mourront dans le même sens. Avons-nous répondu à votre question ?

Oui, merci.

Très bien. Oh ! simple parenthèse, cela veut dire autre chose aussi. Lorsque vous avez des demandes auxquelles vous tenez par-dessus tout, gardez-les donc pour vous.

Cela fera des jaloux autour de vous, des gens qui tenteront, parce qu'ils n'ont pas réussi, de vous trouver des réponses qui ne vous conviendront pas. Et cela, encore une fois, fera en sorte que cela se réalise. Dépêchez-vous de vous pointer le bout du nez ! *(L'élan du cœur, I, 28–04–1996)*

Quand une Âme et une forme sont en harmonie et qu'elles savent qu'elles sont en train de redevenir Cellule, qu'elles essaient de grandir spirituellement et qu'elles savent ce qu'elles doivent faire pour être meilleures, il arrive finalement des bouts où elles n'avancent plus, où elles ont même l'impression de reculer...

N'est-ce pas que reculer, c'est avancer, puisque d'un côté ou de l'autre vous bougez, et souvent pour le mieux ? Si vous voulez aller trop vite, c'est certain que vous sauterez des étapes. Il faut comprendre que vivre la dimension complète de l'Âme, ce n'est pas votre rôle. Votre rôle, c'est de profiter de cette dimension qu'elle veut atteindre, de faire en sorte d'obtenir consciemment, selon vos attentes. C'est comme cela qu'elle ira de l'avant de son côté. Si vous allez trop rapidement, vous vous empêcherez de voir et vous vivrez sa dimension. Et vous n'êtes pas là pour vivre sa dimension ; c'est sa dimension, pas la vôtre. C'est ce qui fait que vous avez souvent l'impression que ce n'est pas assez vite et que vous ne faites pas ce qu'il faut ; c'est parce que vous n'entendez pas ce qu'il faut et non parce que vous ne le faites pas.

Quand vous dites qu'elle le fait, mais qu'elle ne l'entend pas...

Nous parlons de vous.

Qu'est-ce qui fait que parfois on sait qu'il y a des choses qu'on ne doit pas faire et qu'on les fait quand même ?

N'est-ce pas ainsi que vous apprenez ? Qu'est-ce que vous apprenez en faisant quelque chose que vous ne deviez pas faire et que vous faites ? Vous apprenez à ne pas le...

Refaire.

Du moins, c'est ce que nous espérons. Si vous le faites quand même, qu'est-ce qui se passe ? La même chose. C'est pourquoi plusieurs vivent des périodes de vie malheureuses et décéderont malheureux. Ils n'ont pas compris et ils n'ont pas accepté de voir ce qui se passait. Mais nous nous éloignons de votre question... *(Marée et allégresse, III, 06–11–1993)*

Vous avez beaucoup parlé de regarder les avantages afin de ne pas être désavantagé. Lorsqu'on vit une situation avec beaucoup de culpabilité, cela prend souvent du temps avant de passer outre.

La culpabilité n'est pas autre chose que de l'indécision, pas autre chose qu'une mauvaise permission qu'une personne se donne. En d'autres termes, selon votre question, cela veut dire qu'une personne n'avait pas pris la décision et que l'acte ou le geste posé a été trop rapide. Il y a remise en question, retour en arrière. Cela veut dire que l'analyse de la situation n'avait pas été complète et qu'une décision avait été prise trop rapidement. Est-ce le sens de votre question ?

Oui, et je suis d'accord avec cela, je comprends très bien. Justement, si la mauvaise décision a été prise, mais que le fait est là, que l'événement est arrivé...

Et qu'il ne peut pas se changer ?

C'est cela. Souvent cela prend des années avant de pouvoir passer outre à cette culpabilité-là, avant de voir vraiment les avantages ; dans mon cas, cela m'a pris quatre ans.

Et qu'est-ce qui s'est passé en vous pendant ces quatre années ? Qu'avez- vous vécu en vous ?

Beaucoup de culpabilité, beaucoup de remises en question sur ce que je croyais ne pas avoir fait.

Et qu'est-ce que cela a changé d'attendre quatre années ? Si vous aviez su au début une simple phrase comme celle-ci : « J'ai pris une décision ; ce n'était peut-être pas la meilleure mais elle a été prise. Maintenant, j'ai deux choix : ou je l'accepte pleinement sans regarder en arrière et je profite du choix que j'ai fait, ou je reviens en arrière et je l'analyse pendant le temps que cela prendra. » À votre avis, quelle serait la bonne solution ? Chaque être humain, décision ou pas, peut se remettre en question, peut s'analyser, peut aussi trouver des problèmes là où il n'y en a pas. Il n'y a pas un seul être humain sur Terre qui n'aurait pas quelque chose à changer de son passé. Pas un seul. Qu'est-ce que cela veut dire ? Est-ce que chaque être humain devrait revenir sur ce qu'il aurait dû faire ou ne pas faire, chercher à avoir raison avec lui-même ? La première raison que vous avez eue, c'est de prendre une décision. Et lorsque vous l'avez prise, c'était cela. Bon, très bien ; maintenant il faut faire avec. Culpabilité ? Tout le monde aurait de quoi se culpabiliser. Pas un seul être humain n'aurait pas une cause, même minime, pouvant le diriger vers cette situation. N'avez-vous jamais remarqué que, lorsque vous êtes très occupé, vous n'y pensez pas ? Vous n'y avez pas pensé tous les jours, n'est-ce pas ? Il y a des journées et certaines semaines où vous avez passé outre, n'est-ce pas ?

C'est sûr.

Pourquoi n'en a-t-il pas été de même pour les autres journées qui ont suivi ? Parce que vous n'avez pas eu assez confiance en vous. Ayez la certitude du lendemain, c'est la seule garantie que vous pourriez vous donner, pas la veille, le lendemain. Ayez confiance. Peu importe ce qu'auront été vos décisions, vos choix, ils vous appartiendront toujours. Vous remettre en question, c'est une solution, mais pas la bonne. Mais de composer avec vos décisions, de vous adapter, de prendre le meilleur dans tout cela, c'est votre droit et votre responsabilité. Nul être humain n'a à se remettre en question, n'a à se juger. Vous avez une continuité à entretenir, et c'est sur cela qu'il faut vous concentrer, pas sur le passé mais sur ce que vous voulez être. Comme nous l'avons mentionné un peu plus tôt à un autre intervenant, il ne s'agit pas seulement de vous regarder, mais de laisser les autres vous admirer. Et si vous n'aimez pas ce que vous êtes, regardez autour de vous, trouvez des exemples, copiez jusqu'à ce que vous le deveniez. Le bonheur, ce n'est pas un droit, c'est une obligation. *(L'élan du cœur, II, 19-05-1996)*

Quand on entreprend une démarche personnelle et qu'on a une famille autour de soi, est-ce qu'on doit continuer cette démarche quand on sent que ça dérange la famille ?

Est-ce que vous posez cette question parce qu'il y a un doute en vous ?

Peut-être !

Ce terme n'existe pas. Vous savez, nous ne vous changerons pas. Vous irez toujours selon ce que vous appelez le bon sens. Notre rôle n'est pas de faire de vous une personne qui ne sera pas acceptée par son entourage, au contraire. Il faut que vous compreniez aussi que, même consciemment, vous n'accepteriez pas ces changements qui nuiraient autour de vous. Nous ne vous disons pas que vous n'aimerez plus les mêmes personnes, mais vous regrouperez autour de vous des gens qui vous aimeront pour ce que vous serez réellement, et non pour l'influence que vous aurez sur eux ou qu'ils auront sur vous, puisque vous serez moins dociles à leurs attentes, moins esclaves. Certaines personnes aiment pour ce que c'est réellement ; d'autres, parce que cela les sert très bien. Vous aurez du discernement ; vous ne pourrez nuire aux autres. Bien au contraire, faites la démonstration de ce qu'est l'amour réellement, faites-le percevoir et ceux que vous aimez resteront près de vous. Cela ne changera personne, mais vous rapportera beaucoup plus d'amour encore. Vous n'êtes pas venue au monde pour être placée sur une tablette et pour plaire aux regards des autres, mais pour vous plaire à vous-même en premier, pour être heureuse dans votre réalité. Cela peut déplaire aux autres, mais si vous êtes bien avec vous-même, les autres seront bien avec vous. Il y aura les questions que vous avez à nous poser. Si certaines personnes n'aiment pas vos changements, c'est qu'elles n'aimeront pas ce que vous êtes réellement, un être unique et essentiel aux autres comme à vous-même et à nous. N'ayez aucune crainte pour nous, nous n'envahirons pas votre forme, nous aiderons simplement votre Âme à faire son cheminement. Lorsque le contact avec votre Âme se fait, vous n'avez plus à vous poser de questions car votre vie se déroule de façon plus simple. Les événements arriveront réellement lorsqu'ils devront arriver. Comme vous dites dans votre langage, chaque chose en son temps et un temps pour chaque chose. *(Les colombes, I, 02–06–1990)*

On a beaucoup parlé du respect de soi. Lorsqu'on sent qu'il faut prendre certaines décisions pour avancer, qu'on prend ces décisions et qu'on s'aperçoit en cours de route que cela crée beaucoup de peine autour de soi, comment fait-on pour respecter sa décision sans se sentir coupable de faire de la peine autour de soi ?

Vous avez deux façons de voir cela. Vous pouvez aller de l'avant, mais rappelez-vous que tout ce que vous déplacerez dans votre façon de vivre déplacera autour de vous ; entendez par là la peine qu'auront les gens. Il faut comprendre qu'ils n'ont pas toutes les données que vous avez et que, si vous n'aviez pas à faire ces changements pour être vraie, pour être vous-même, c'est que tout aurait été bien dans le passé. Si vous faites ces changements, c'est pour être mieux. Si cela n'a pas été le cas auparavant, c'est que vous avez deux choix. Ou vous écoutez les émotivités de ceux qui vous entourent et vous vous empêchez d'avancer – et nous pouvons vous dire le résultat à coup sûr. Ou ce sera à refaire plus tard et cela fera encore plus mal parce que plus vous attendrez, moins les gens comprendront, d'où les émotions, d'où la douleur chez les autres. Revenez en arrière. Si cela avait été fait avant, est-ce que ce serait la même chose ?

Je ne crois pas.

Très certainement non ! C'est ça le problème. C'est que, pour être vraies, certaines personnes croient devoir s'adapter. S'adapter à qui et à quoi, à quelle réalité ? Au début de cette session, quelqu'un nous a demandé pourquoi certaines personnes changeaient seulement lorsqu'il y avait de la douleur. Pourquoi certaines personnes attendent-elles, pour changer, qu'il y ait de la douleur ? Parce qu'on vous a dit que le pire viendrait ? Parce que c'était écrit ? Et le pire, c'est que vous avez dit : « Oui, je le veux ». [rires] Cela vous fait rire, mais c'est tout de même une réalité. Comment vous respecter au travers de cela ? En allant quand même de l'avant, en gagnant cette fierté de vous-même, en montrant aux autres que vous avez fait ce qu'il fallait pour être vous-même, pas en les convainquant du bien-fondé de votre geste mais en vous convainquant vous-même. Chaque fois que vous changez quelque chose dans votre vie, il faut vous attendre à changer les gens qui sont autour de vous parce que, si vous montez une marche de plus, vous dépassez la tête d'une autre personne et vous voyez quelqu'un d'autre. Et plus vous monterez des marches, plus vous verrez des gens différents, des gens que vous n'aviez pas vus dans le passé, vous-même entre autres. Voici une question à laquelle vous réfléchirez tous : si vos arbres gardaient toujours les mêmes feuilles, les verriez-vous ? C'est la même chose dans vos vies. Lorsque vous vivez et que vous n'apportez aucun changement parce que vous ne faites qu'être, vous ne vous voyez plus, et les autres non plus ! Donc, le changement est souvent très avantageux. Vous avez le choix de le faire à deux ou seul ; les deux ont des avantages. Lorsqu'il y a respect, cela se fait à deux ; lorsqu'une personne se sent étouffée, cela ne se fait plus. *(Marée et allégresse, II, 09-10-1993)*

*P*our faire des changements sans
tenir compte de la sécurité, après
des changements drastiques...

Ce seront des changements insécures... Et
si ces changements vous font vivre l'insécurité, vous ne les ferez pas ou encore ce ne
seront pas les bons.

Si ces changements me font vivre de l'in-
sécurité, ce ne seront pas les bons change-
ments ?

Une personne qui veut changer quelque
chose à tout prix dans sa vie, si elle le veut
à ce point, peu importe l'insécurité qui suivra, trouvera la force d'être sécure dans son
choix de décision. Et dès qu'une personne
comprend que l'insécurité n'est qu'un mot,
pas un fait, que cela peut se vivre mais que
ce n'est pas un fait, que c'est une mauvaise
compréhension, dès qu'une personne
ressent la volonté au point de faire un
changement, que cela dépasse la peur elle-
même, donc l'insécurité, et dès qu'elle le vit
avec une telle volonté, c'est tout ce qui la

précédera, c'est tout ce qui la suivra, c'est tout ce qui est parallèle à elle qui lui donnera les réponses. Mais il faut profiter de ces circonstances pour vous adapter et percevoir ce qui vous entoure, pas vivre cela seulement pour vous. Cela n'a pas encore été compris... Ce que nous voulons vous faire comprendre, c'est que lorsque vous prenez une décision à ce point importante dans votre vie qu'elle fera basculer toutes les autres décisions que vous aviez prévues et si, malgré cela et malgré l'insécurité que cela peut présenter, vous vous décidez à aller de l'avant, ne le faites pas seuls ! Soyez conscients et prenez autour de vous l'énergie nécessaire pour cela. Contactez ce qui vous entoure, demandez à voir ceux qui ont l'expérience de cela. Vous ne le vivrez pas seuls ! Si vous apprenez à demander comme il le faut, jamais vous n'aurez peur, jamais vous ne serez insécures, et vous comprendrez nos propos.

(L'élan du cœur, II, 19-05-1996)

 uand on vit ses élans du cœur tout le temps et qu'on change graduellement, on a parfois des gens près de soi qui vivent des choses très pénibles...

C'est dans l'exemple de ce que vous vivrez qu'ils changeront ; ce n'est pas dans la conviction que vous aurez qu'ils changeront.

Cela veut dire que si on a lâché prise et qu'on vit nos élans du cœur, qu'on change et qu'on assimile, c'est ce qu'il faut.

Vous comprenez rapidement. Vous-même, admirez-vous plus une personne qui réussit, qui est heureuse ou une personne qui est triste et refermée ?

Une personne heureuse.

Tentez-vous de découvrir comment elle s'y prend ? Tentez-vous de le découvrir par l'observation ?

Oui, c'est sûr.

Dans ce cas, vous avez compris que, si vous êtes vous-même cette personne heureuse, avec les gens que vous observez, c'est le contraire qu'il faut faire, il faut les laisser vous observer. Rappelez-vous qu'il y a des gens qui mangeront des pommes de terre toute leur vie... Et même si vous leur donnez un régime différent de temps à autre, ils ne digéreront pas, ils sont aussi patates que les pommes de terre ! Correction : dans les patates. Laissez-les piler leur vie eux-mêmes... Vous avez compris l'allusion, pas celle des pommes de terre mais l'autre ? C'est qu'en fait, vous n'avez pas à les observer, mais c'est à eux à vous observer. Et s'ils en avaient assez, ils changeraient, comme vous devez le faire. Vous en viendrez, comme dans la question précédente, à comprendre qu'en fait ce n'est pas seulement ceux qui sont heureux que vous observerez, mais ceux que vous ne pouvez pas voir ; c'est ce que vous ressentirez en vous mais qui, en fait, sera autour de vous. C'est ce qui fait que certains sont si différents des autres, qu'ils ne peuvent pas exprimer leur bonheur mais le vivent pleinement. C'étaient deux bonnes questions. Y en a-t-il une troisième ? *(L'élan du cœur, II, 19–05–1996)*

Est-il bon de parler à l'extérieur des connaissances qu'on acquiert ici ?

Vous ne serez pas compris. Les changements doivent s'obtenir pour vous, en premier. Ce que vous laisserez transparaître
sera ce que les gens verront de vous comme
résultat et cela les portera à vous poser des
questions. Si vous allez au devant, cela ne
fera que mettre votre doute à l'épreuve, et
plus il y aura de gens qui vous poseront des
questions et qui ne seront pas d'accord avec
vous, plus vous aurez des doutes, plus vous
vous remettrez en question. Voyez le côté
positif de cela. Lorsque ces nouvelles connaissances vous auront changée, lorsque
vous serez mieux et lorsque les gens vous
diront : « Tu n'es plus la même, tu as
changé », vous saurez que vous aurez
atteint votre but. Ces gens vous poseront
alors comme autre question : « Qu'est-ce
que tu as fait ? » et, à ce moment-là, vous
pourrez vous ouvrir. Notre réponse est
aussi valable pour les autres. *(Harmonie II,
08–12–1990)*

Lorsque je veux exprimer, révéler ou manifester à mon entourage la présence de mon Âme dans la vie de tous les jours...

Mais vous n'avez pas à le faire. Laissez-nous vous donner des façons de le faire. Ceux qui le font sont ceux qui créent, qui démontrent qu'ils se sont dépassés, des gens qui montrent que leur vie se déroule avec paix, calme, amour en eux. C'est la démonstration de ce que vous serez devenus, la démonstration de l'art que vous aurez développé, sa profondeur, la passion que vous y aurez mise qui feront que vous serez perçus et aperçus des autres. Ceux qui tentent de convaincre les autres ne se sont pas convaincus en premier. C'est la démonstration sans mots, c'est cela qui est réel. Regardez comment nous nous y sommes prises nous-mêmes, regardez les textes. Il aurait été bien plus facile de vous les donner sans qu'il n'y ait des gens présents, avec des gens qui auraient pu être très qualifiés pour prendre les mots et les rendre très scientifiques, très dogmatiques s'il le fallait. Mais à quoi bon tout cela ? Cela aurait été compris par combien de personnes ? Et cela aurait été rejeté par beaucoup plus. Mais regardez, avec la simplicité de nos termes, comme vous comprenez de mille façons. Donc, il y aura une perpétuité dans les termes aussi simples que ceux que nous avons. C'est une semence pour le futur, mais non seulement cela, il y a déjà des germes de cela. Et cela nous surprend et nous réjouit en même temps. Donc, parler de votre Âme ne peut se faire qu'en mots, et c'est difficilement explicable. Très difficilement. Vous pourrez parler de ce que vous ressentez, de ce que vous pouvez vivre en vous, mais une Âme, cela dépasse les mots. C'est une passion, cela se vit au plus profond de vous, cela se communique avec vous en premier. Mais cela exerce aussi très souvent des capacités audelà du physique, cela dépasse le don, comme vous dites, chez ceux qui s'en servent, le don de créativité, entre autres. Et ce sont ceux-là que vous admirez le plus. C'est pourquoi nous n'avons pas choisi de faire des sessions comme celle-ci devant un plus grand nombre de personnes, mais devant un nombre restreint de façon à mieux en mesurer les effets. Maintenant, reposez votre question autrement.

Pourquoi est-on si discrets ? Pourquoi hésite-t-on à en parler ? Dans notre entourage, cela provoque des changements, mais quand on vient pour l'exprimer, pour dire d'où cela vient, ce que c'est, pourquoi est-on si discrets ? Pourquoi est-on hésitants ? Pourquoi a-t-on des doutes ?

Parce qu'il y a des façons de punir ceux qui veulent aller trop vite, parce que vos sociétés se sont donné des règles, parce qu'inconsciemment, mais consciemment aussi, vous le savez tous. Et s'il fallait que vous disiez tout ce que nous disons du jour au lendemain, mille boucliers se lèveraient parce que, pour des raisons monétaires, cela déplairait beaucoup à plusieurs. Nous n'avons pas pris une forme [Robert] qui voulait s'enrichir avec cela parce que nous n'avions pas besoin de cela nous-mêmes.

Donc, il fallait porter attention à ce que
nous faisions. Pour cela, il fallait porter
attention au poids des mots. Il fallait voir
aussi avec les années, selon l'évolution qui
est très prévisible, quelles seraient les
réactions, quand elles auraient lieu, quand
elles seraient acceptées et par qui elles le
seraient en premier. Nous n'avons pas
laissé cela au hasard. C'est donc que nous
savions qu'il y aurait des changements, que
les gens trouveraient des façons de communiquer entre eux, souvent non par des mots
mais par leurs façons de vivre, cette
nouvelle joie qu'ils auraient à vivre et à
comprendre la vie. Ce faisant, c'est tout ce
qui est la vie – en trois lettres seulement,
mais en majuscules – qui sera accepté.
C'est pourquoi nous avons voulu agir dans
ce sens. Donc, si vous prenez à la lettre que
ceux qui ont voulu convaincre ont fini sur
une croix, allez dans l'autre sens ; prenez
l'autre direction et soyez convaincants en
agissant. Dans vos sociétés actuelles, il n'y
a pas plus dérangeant qu'une personne qui
démontre qu'elle est heureuse de vivre...
Nous avons parfois des questions qui

arrivent aussi de notre côté, et cela nous porte à vous donner des réponses altérées. Il faut bien comprendre que, comme dans vos formes, l'exemple est aussi valable entre vous. Vous avez des cellules qui se rejettent entre elles. Vous avez trouvé des termes comme cancer, sida ; il y en aura d'autres. Donc, dans une même forme, il y a des rejets qui vont de partiels jusqu'à totaux, qui vont aussi de la vie jusqu'à la mort physique. Vous nous parlez des gens heureux et vous demandez comment convaincre les autres. Dans une forme, cela va de pair avec la communication, avec le bien-être qu'elle ressent. Vos cellules parlent entre elles. Ce n'est pas le même dialogue que celui que vous entendez, mais elles parlent tout de même entre elles. Comme nous l'avons dit au début de cette session, c'est donc que vous n'avez pas toujours besoin de mots pour vous exprimer. C'est donc aussi que vous verrez des gens s'approcher de vous de temps à autre pour mieux vous connaître, mieux vous comprendre. Dans votre monde, vous dites : qui s'assemble se ressemble. Ceux qui ne

sont pas à l'aise s'éloigneront, c'est tout. Ils
se détruiront entre eux, c'est tout. Mais
c'est l'ensemble qui sera bien qui fera la différence ; même chose dans vos formes.
(L'étoile, II, 15–10–1995)

Nous devons vous dire que nous sommes
très fières, très fières de voir les changements, les volontés, et encore plus fières
d'observer vos Âmes. Celles-ci n'ont jamais
été aussi près des leurs. Ce ne sera pas ce
que vous ferez avec votre futur qui
comptera dorénavant, mais la confiance
que vous vous donnerez, car cette confiance aidera votre croyance en votre Âme
encore plus. Plus ce sera compris, plus ce
sera voulu, et plus ce sera voulu, plus cela
arrivera. Pouvons-nous vous suggérer que,
si votre Âme a ce qu'elle veut, vous aurez
physiquement ce que vous voudrez ?
Donnant, donnant.

Oasis